Theologische Bildung im Jahr 2050

Theologische Bildung im Jahr 2050

Künstliche Intelligenz, Dienst und die Formung der Zukunft

unter der Aufsicht von
Heather Shellabarger

Theologische Grundlagen

DTL

Library of Congress Cataloging-in-Publication Data
Bibliografische Katalogisierung der Library of
Congress

Heather Shellabarger (Ersteller).
[Theological Education in 2050: Theological Education, Ministry and
Formation in the Future / Heather Shellabarger] Theologische Bildung
im Jahr 2050: Künstliche Intelligenz, Dienst und die Formung der
Zukunft/ Heather Shellabarger
184 + xi Seiten. cm. 12,7 x 20,32
ISBN 979-8-89731-703-5 (Druckausgabe)
ISBN 979-8-89731-704-2 (Ebook)
ISBN 979-8-89731-233-7 (Kindle)

1. Theologische Ausbildung — Prognosen.
2. Künstliche Intelligenz — Religiöse Aspekte —
Christentum.
3. Klerus — Ausbildung — Prognosen.
BV4012 .S5412 2025

Dieses Open-Access-Buch ist in mehreren Sprachen erhältlich unter
www.DTLPress.com

Coverbild: "*Die Heiligen lachen über den Wahrsager*"
Bild vom Autor mithilfe künstlicher Intelligenz erstellt.

Inhalt

Vorwort zur Reihe

Künstliche Intelligenz (KI) verändert alles, auch die theologische Wissenschaft und Lehre. Die Reihe "Theologische Grundlagen" soll das kreative Potenzial von KI in die theologische Ausbildung einbringen. Im traditionellen Modell verbrachte ein Wissenschaftler, der sowohl den wissenschaftlichen Diskurs beherrschte als auch erfolgreich im Unterricht tätig war, mehrere Monate – oder sogar Jahre – damit, einen Einführungstext zu schreiben, zu überarbeiten und neu zu schreiben. Dieser Text wurde dann an einen Verlag weitergeleitet, der ebenfalls Monate oder Jahre in die Produktion investierte. Obwohl das Endprodukt in der Regel recht vorhersehbar war, trieb dieser langsame und teure Prozess die Preise für Lehrbücher in die Höhe. Infolgedessen zahlten Studierende in Industrieländern mehr als nötig für die Bücher, und Studierende in Entwicklungsländern hatten meist keinen Zugang zu diesen (unerschwinglichen) Lehrbüchern, bis sie Jahrzehnte später als Ausschussware oder Spenden auftauchten. In früheren Generationen machte die Notwendigkeit der Qualitätssicherung – in Form von Inhaltserstellung, Expertenprüfung, Lektorat und Druckzeit – diesen langsamen, teuren und ausgrenzenden Ansatz möglicherweise unvermeidlich. KI verändert jedoch alles.

Diese Reihe ist ganz anders; sie wurde von KI erstellt. Der Einband jedes Bandes kennzeichnet das Werk als "unter Aufsicht" eines Experten auf dem jeweiligen Gebiet erstellt. Diese Person ist jedoch kein Autor im herkömmlichen Sinne. Der Autor jedes

Bandes wurde von den DTL-Mitarbeitern im Umgang mit KI geschult und nutzte KI, um den angezeigten Text zu erstellen, zu bearbeiten, zu überarbeiten und neu zu gestalten. Nachdem dieser Erstellungsprozess klar definiert ist, möchte ich nun die Ziele dieser Reihe erläutern.

Unsere Ziele

Glaubwürdigkeit: Obwohl KI in den letzten Jahren enorme Fortschritte gemacht hat und weiterhin macht, kann keine unbeaufsichtigte KI einen wirklich zuverlässigen oder glaubwürdigen Text auf Hochschul- oder Seminarniveau erstellen. Die Einschränkungen KI-generierter Inhalte liegen manchmal in den Inhalten selbst (möglicherweise ist das Trainingsset unzureichend), häufiger jedoch ist die Unzufriedenheit der Nutzer mit KI-generierten Inhalten auf menschliche Fehler zurückzuführen, die auf mangelhaftes Prompt-Engineering zurückzuführen sind. Der DTL-Verlag versucht, beide Probleme zu lösen, indem er etablierte Wissenschaftler mit anerkannter Expertise für die Erstellung von Büchern in ihren Fachgebieten engagiert und diese Wissenschaftler und Experten in KI-Prompt-Engineering ausbildet. Um es klarzustellen: Der Wissenschaftler, dessen Name auf dem Cover dieses Werks erscheint, hat diesen Band geschaffen – er hat das Werk erstellt, gelesen, überarbeitet, wiedergelesen und überarbeitet. Obwohl das Werk (in unterschiedlichem Maße) von KI erstellt wurde, erscheinen die Namen unserer wissenschaftlichen Autoren auf dem Cover als Garantie dafür, dass der Inhalt ebenso glaubwürdig ist wie jede Einführungsarbeit, die dieser Wissenschaftler/ Autor nach traditionellem Vorbild verfasst hätte.

Stabilität: KI ist generativ, d. h. die Antwort auf jede Eingabeaufforderung wird individuell für die jeweilige Anfrage generiert. Keine zwei KI-generierten

Antworten sind exakt gleich. Die unvermeidliche Variabilität der KI-Antworten stellt eine erhebliche pädagogische Herausforderung für Professoren und Studenten dar, die ihre Diskussionen und Analysen auf der Grundlage eines gemeinsamen Ideenfundaments beginnen möchten. Bildungseinrichtungen benötigen stabile Texte, um pädagogisches Chaos zu vermeiden. Diese Bücher bieten diesen stabilen Text, auf dessen Grundlage gelehrt, diskutiert und Ideen vermittelt werden können.

Erschwinglichkeit: Der DTL-Verlag ist der Ansicht verpflichtet, dass Erschwinglichkeit kein Hindernis für Wissen darstellen sollte. Alle Menschen haben gleichermaßen das Recht auf Wissen und Verständnis. Daher sind E-Book-Versionen aller DTL-Verlagsbücher kostenlos in den DTL-Bibliotheken und als gedruckte Bücher gegen eine geringe Gebühr erhältlich. Unseren Wissenschaftlern/Autoren gebührt Dank für ihre Bereitschaft, auf traditionelle Lizenzvereinbarungen zu verzichten. (Unsere Autoren erhalten für ihre kreative Arbeit eine Vergütung, jedoch keine Tantiemen im herkömmlichen Sinne.)

Zugänglichkeit: DTL Press möchte hochwertige und kostengünstige Einführungs-lehrbücher weltweit für alle zugänglich machen. Die Bücher dieser Reihe sind ab sofort in mehreren Sprachen erhältlich. Auf Anfrage erstellt DTL Press Übersetzungen in weitere Sprachen. Die Übersetzungen werden selbstverständlich mithilfe künstlicher Intelligenz erstellt.

Unsere anerkannten Grenzen

Einige Leser werden sich möglicherweise fragen: "Aber KI kann doch nur bestehende Forschung zusammenfassen – sie kann keine originelle, innovative Wissenschaft hervorbringen." Diese Kritik ist weitgehend berechtigt. KI ist im Wesentlichen darauf beschränkt, vorhandene Ideen zu aggregieren, zu organisieren und neu zu formulieren – auch wenn sie dies in einer Weise tun kann, die zur Beschleunigung und Verfeinerung der wissenschaftlichen Produktion beiträgt. Dennoch möchte DTL Press zwei wichtige Punkte hervorheben: Einführende Texte sind in der Regel nicht dazu gedacht, bahnbrechend originell zu sein, sondern bieten eine fundierte Einführung in ein Fachgebiet. DTL Press bietet weitere Buchreihen an, die sich der Veröffentlichung von origineller Wissenschaft mit traditionellen Autorenschaften widmen.

Unsere Einladung

DTL Press möchte die akademische Publikationslandschaft in der Theologie grundlegend umgestalten, um wissenschaftliche Forschung zugänglicher und erschwinglicher zu machen – und zwar auf zwei Wegen. Erstens streben wir an, Einführungstexte für alle theologischen Fachbereiche zu generieren, sodass Studierende weltweit nicht mehr gezwungen sind, teure Lehrbücher zu kaufen. Unser Ziel ist es, dass Dozierende überall auf der Welt ein oder mehrere Bücher aus dieser Reihe als Einführungslektüre in ihren Kursen nutzen können. Zweitens möchten wir traditionell verfasste wissenschaftliche Monografien im Open Access (kostenfrei zugänglich) veröffentlichen, um auch fortgeschrittenen wissenschaftlichen Lesern hochwertigen Inhalt bereitzustellen.

Schließlich ist DTL Press konfessionell ungebunden und veröffentlicht Werke aus allen Bereichen der Religionswissenschaft und Theologie. Traditionell verfasste Bücher durchlaufen ein Peer-Review-Verfahren, während die Erstellung KI-generierter Einführungswerke allen Wissenschaftlern mit entsprechender Fachkompetenz zur inhaltlichen Überwachung offensteht.

Falls Sie das Engagement von DTL Press für Glaubwürdigkeit, Erschwinglichkeit und Zugänglichkeit teilen, laden wir Sie herzlich ein, mit uns die Welt des theologischen Publizierens zu verändern – sei es durch die Mitarbeit an dieser Reihe oder an einer unserer traditionellen wissenschaftlichen Veröffentlichungen.

Mit hohen Erwartungen,

Thomas E. Phillips

Geschäftsführer von DTL Press
www.DTLPress.com
www.thedtl.org

Einführung
Theologische Ausbildung in einer KI-geprägten Welt

Die theologische Ausbildung stand schon immer im Spannungsfeld zwischen Kontinuität und Wandel. Über Jahrhunderte hinweg haben Seminare und theologische Schulen versucht, gläubige Führungspersönlichkeiten auszubilden, indem sie den Reichtum der christlichen Tradition weitergaben und gleichzeitig auf die sich wandelnden kulturellen Bedingungen reagierten. Heute stehen wir an einem weiteren Wendepunkt. Künstliche Intelligenz ist keine ferne Zukunftsvision mehr, sondern alltägliche Realität. Sie verändert die Art und Weise, wie wir kommunizieren, lernen, arbeiten und sogar unser Menschsein verstehen. Für die theologische Ausbildung stellt dies nicht nur einen technischen Umbruch dar, sondern auch eine spirituelle und moralische Herausforderung.

Die Einführung künstlicher Intelligenz zwingt uns, die grundlegendsten Fragen neu zu überdenken: Was ist der Mensch, geschaffen nach dem Bild Gottes, in einem Zeitalter, in dem Maschinen scheinbar denken? Was bedeutet Offenbarung, wenn Algorithmen Predigten und Gebete generieren können? Wie verstehen wir Sünde, Gerechtigkeit und Erlösung, wenn technologische Systeme sowohl die menschliche Kreativität als auch die menschliche Sündhaftigkeit vergrößern? Und wie können theologische

1

Pädagogen Führungspersönlichkeiten ausbilden, die inmitten der Verheißungen und Gefahren der maschinellen Intelligenz Zeugnis für Christus ablegen?

Dieses Buch ist in der Überzeugung verfasst, dass die theologische Ausbildung weder ängstlich zurückweichen noch sich kopfüber in die Technologie stürzen darf. Stattdessen muss sie KI mit den Werkzeugen nutzen, die sie am besten kennt: Heilige Schrift, Lehre, Gebet, Urteilsvermögen und das Leben der Kirche. Unser Ziel ist es nicht, Seminare in Programmierakademien zu verwandeln, sondern sie zu Gemeinschaften der Weisheit und Präsenz zu machen, in denen die Studierenden lernen, die Geister der Technologie zu prüfen und treue Lebens- und Führungsweisen in einer digitalen Welt zu erkennen.

Die folgenden Kapitel behandeln eine Reihe theologischer und pädagogischer Anliegen. Wir beginnen mit Fragen der Anthropologie, Offenbarung und Verantwortung und fragen, wie KI die zentralen Glaubenslehren in Frage stellt. Anschließend wenden wir uns der Pädagogik zu und untersuchen, wie Präsenz, Bildung und Integrität in einer digitalen Kultur neu formuliert werden müssen. Spätere Kapitel befassen sich mit Gerechtigkeit, globalen Perspektiven und Lehrplangestaltung und verorten die theologische Ausbildung im Kontext der breiteren kulturellen und ethischen Debatten, die KI auslöst. Jedes Kapitel versucht, gründliche theologische Reflexion mit praktischen Leitlinien für Pädagogen, Pfarrer und Studierende zu verbinden.

Dahinter steht die Überzeugung, dass theologische Ausbildung selbst eine Form spiritueller Technologie ist: eine Reihe von Praktiken, Beziehungen und Disziplinen, durch die der Heilige Geist Menschen für die Gemeinschaft mit Gott und den Dienst in der Welt formt. Wenn KI eine der prägenden Kräfte des 21. Jahrhunderts ist, dann muss die theologische Ausbildung Führungskräfte hervorbringen, die klar und mutig verkünden können, dass Christus (nicht Code) der Herr ist. Durch die Wiederbelebung dieser Vision kann die theologische Ausbildung im Jahr 2050 und darüber hinaus treues Zeugnis ablegen und die Kirche auf eine Zukunft vorbereiten, die bereits jetzt unter uns liegt.

Kapitel 1
Eine Geschichte technologischer Umbrüche in der theologischen Ausbildung

Einführung
Theologie, Technologie und Transformation

Theologische Ausbildung existierte nie im luftleeren Raum. Von den ersten mündlichen Überlieferungen bis hin zum digitalen Unterricht wurde Theologie stets durch die Werkzeuge und Technologien ihrer Zeit vermittelt. Jedes neue Medium transportierte nicht nur theologische Inhalte, sondern prägte auch die Art und Weise, wie theologisches Wissen entsteht, vermittelt und verkörpert wird. Dieses Kapitel verfolgt das historische Zusammenspiel zwischen technologischem Wandel und theologischer Ausbildung, um zu verdeutlichen, wie wir an die Schwelle zum KI-Zeitalter gelangt sind.

Tatsächlich steht die theologische Ausbildung in ständigem Dialog mit den kulturellen, philosophischen und technologischen Entwicklungen ihrer Zeit. Die Kirche nutzte historisch alle verfügbaren Mittel, um das Evangelium zu verkünden, Jünger zu bilden und Führungskräfte auszubilden. Doch jede technologische Entwicklung brachte auch tiefgreifende Fragen über Autorität, Bildung, Gemeinschaft und das Wesen göttlicher Offenbarung mit sich. Technologien sind nie neutral;

5

sie prägen die Fragen, die wir stellen, die Methoden, die wir anwenden, und die Art von Menschen, die wir werden.

Heute, da wir kurz davorstehen, dass künstliche Intelligenz jeden Aspekt des menschlichen Lebens neugestaltet, steigen die Anforderungen an die theologische Ausbildung erneut. KI ist nicht nur ein neues Medium, sondern eröffnet neue erkenntnistheoretische und ontologische Rahmenbedingungen. Sie stellt unser Verständnis dessen in Frage, was es bedeutet zu wissen, zu lehren, zu lernen und sogar Mensch zu sein. Um angemessen darauf reagieren zu können, müssen wir zunächst zurückblicken und sehen, wie die theologische Ausbildung durch frühere technologische Revolutionen geprägt wurde, und dann mit prophetischer Vorstellungskraft nach vorne blicken.

Schriftrollen, Kodizes und der Aufstieg der Texttheologie

Die frühe Kirche entstand in einer mündlichen Kultur, doch das geschriebene Wort wurde schnell zu einem zentralen Bestandteil der christlichen Lehre. Der Übergang von Schriftrollen zu Kodizes ermöglichte eine einfachere Bezugnahme und Zusammenstellung der Heiligen Schrift, förderte den Kanonisierungsprozess und die Entstehung theologischer Texte. Diese Entwicklung verlagerte die theologische Ausbildung hin zu einem textzentrierten Modell, das Lese- und Schreibfähigkeit sowie Interpretationskompetenz in den Vordergrund stellte.

Mittelalterliche Klosterskriptorien mit ihren sorgfältigen Handschriftenkopien wurden zu Stätten theologischer Bewahrung und Produktion. Der klösterliche Rhythmus aus Lesen, Schreiben und Kontemplation verankerte das theologische Studium in einem tief verwurzelten Gemeinschaftsleben. Hier diente die Technologie der langsamen Arbeit der Bildung.

Die Druckerpresse und die Demokratisierung der Lehre

Die Erfindung des Buchdrucks im 15. Jahrhundert löste eine theologische Revolution aus. Martin Luthers 95 Thesen waren nicht nur eine theologische Provokation, sondern ein technologisches Ereignis, das durch den Druck weite Verbreitung fand. Die Reformation zeigte, wie Technologie theologische Konflikte verschärfen und den theologischen Diskurs demokratisieren konnte.

Seminare und Universitäten entstanden im Rahmen dieser neuen Kultur des gedruckten Wortes. Die theologische Ausbildung wurde zunehmend strukturiert, systematisch und buchbasiert. Lehrdebatten fanden in gedruckter Form statt, und die kirchliche Autorität wurde von einer neu gebildeten Laienschaft in Frage gestellt. Die Technologie veränderte nicht nur die theologische Methode, sondern auch die kirchliche Autorität und die Bildungsstrukturen.

Radio, Fernsehen und das Zeitalter der Rundfunktheologie

Im 20. Jahrhundert entwickelten sich Rundfunktechnologien und eröffneten neue

Plattformen für die theologische Kommunikation. Evangelisten wie Billy Graham erreichten über Radio und Fernsehen ein weltweites Publikum und markierten damit einen Wandel hin zu massenmedialer religiöser Erfahrung. Die theologische Ausbildung begann sich mit neuen Fragen auseinanderzusetzen: Wie sollte Glaube im medialen Zeitalter geformt werden? Was bedeutet es, Menschen zu Jüngern zu machen, denen wir vielleicht nie persönlich begegnen?

Seminare experimentierten mit Fernunterricht, oft per Korrespondenz oder über Radioprogramme. Zwar fehlte diesen Formen die gemeinschaftliche und inkarnierende Tiefe des persönlichen Lernens, doch stellten sie einen frühen Versuch dar, den Zugang zu erweitern und die Pädagogik an den technologischen Wandel anzupassen.

Der digitale Wandel
Online-Lernen und offene Theologie

Das Internet katalysierte den bedeutendsten Wandel in der theologischen Ausbildung seit der Erfindung des Buchdrucks. Online-Lernplattformen entstanden und ermöglichten eine asynchrone theologische Ausbildung über Zeitzonen und Kontinente hinweg. Open-Source-Ressourcen für die Theologie verbreiteten sich, und globale theologische Gespräche begannen sich im digitalen Raum zu entfalten.

Lernmanagementsysteme (LMS) wie Moodle, Blackboard und später Canvas und Google Classroom wurden zur Grundlage für die Durchführung von Seminarkursen. Diese Tools ermöglichten modulare, anpassbare und zugängliche theologische Inhalte. Theologische Institutionen begannen, vollständig online verfügbare Studiengänge anzubieten, was die Landschaft der geistlichen Ausbildung und der theologischen Wissenschaft veränderte.

Offene Theologie erwies sich zudem als demokratische Kraft. Blogs, Podcasts, YouTube-Kanäle und kostenlose Lehrmaterialien von theologischen Seminaren schufen ein Ökosystem dezentralen theologischen Engagements. Unabhängige Wissenschaftler, marginalisierte Stimmen und Praktiker außerhalb traditioneller akademischer Institutionen fanden Plattformen, um zum theologischen Diskurs beizutragen. Dies brachte eine willkommene Diversifizierung der Stimmen mit sich, brachte aber auch die Herausforderung theologischer Fragmentierung und des Verlusts gemeinsamer epistemischer Grundlagen mit sich.

Gemeinschaft, die einst in Gottesdiensten, Unterrichtsräumen und gemeinsamen Mahlzeiten entstand, musste nun durch Diskussionsrunden, Videokonferenzen und virtuelle Gebetstreffen gepflegt werden. Während viele Institutionen große Fortschritte beim Aufbau digitaler spiritueller Bildungspraktiken gemacht haben, fällt es anderen schwer, im Online-Kontext ein Gefühl der Zugehörigkeit und Verantwortlichkeit zu fördern.

Darüber hinaus veränderte der einfache Zugang zu Informationen die Rolle der Lehrkräfte von der Bereitstellung von Inhalten hin zu Kuratoren, Mentoren und Förderern der Ausbildung. Sie mussten sich auf multimodale

Lehrformate umstellen und digitale Medien, kollaborative Tools und sogar soziale Medien in ihr pädagogisches Instrumentarium integrieren. Dies veränderte nicht nur das "Wie" des Unterrichts, sondern auch das "Warum" und stellte die ultimativen Ziele der theologischen Ausbildung im Zeitalter der Informationsflut in Frage.

Künstliche Intelligenz
Eine neue Schwelle

KI stellt nicht nur ein weiteres technologisches Werkzeug dar, sondern eine grundlegend andere Art der Wissensvermittlung, Interpretation und Bildung. Im Gegensatz zu früheren Werkzeugen, die die menschliche Kommunikation erweiterten, können KI-Systeme heute theologisches Denken analysieren, generieren und sogar nachahmen. Sie beteiligen sich an Prozessen der Unterscheidung, Interpretation und sogar Kreativität.

KI-Modelle wie große Sprachtransformatoren sind in der Lage, Gebete, Predigten, theologische Essays und Bibelkommentare zu verfassen. Diese Ergebnisse sind zwar syntaktisch überzeugend, werfen aber wichtige Fragen zu Urheberschaft, Authentizität und theologischer Integrität auf. Was passiert, wenn Maschinen als spirituelle Einsichten wahrgenommen werden? Kann KI theologische Texte mitverfassen, oder schließt ihre fehlende Verkörperung und Beziehung zu Gott sie von einem echten theologischen Diskurs aus?

KI stellt auch traditionelle Erkenntnistheorien auf den Kopf. Während die theologische Ausbildung historisch auf eine langsame, dialogische und kontemplative Auseinandersetzung mit Texten und Traditionen setzte, bietet KI sofortige Synthese und Analyse. Dieser Wandel birgt die Gefahr, formatives Lernen durch performative Ergebnisse zu ersetzen und so die Geduld, Demut und spirituelle Disziplin zu untergraben, die den Kern theologischer Forschung bilden.

Pädagogisch gesehen bieten KI-Tools sowohl Chancen als auch Versuchungen. Einerseits können sie als Begleiter beim Brainstorming, Übersetzen und Nachhilfe dienen. Andererseits ermöglichen sie möglicherweise Abkürzungen, die das für spirituelles Wachstum wesentliche Ringen umgehen. Pädagogen müssen sich fragen: Wie fördern wir Tugenden wie Weisheit, Urteilsvermögen und Demut in einem Kontext, in dem Antworten zwar sofort verfügbar, aber selten transformativ sind?

In Bezug auf Gemeinschaft und Bildung stellt KI die Rolle der Präsenz in Frage. Virtuelle Seelsorger, KI-gesteuerte Seelsorge-Bots und algorithmisch kuratierte spirituelle Praktiken entstehen. Dies wirft tiefe Fragen über die Natur von Empathie, die Notwendigkeit menschlicher Präsenz und die sakramentale Qualität menschlicher Beziehungen im Dienst auf. Mit der Weiterentwicklung dieser Werkzeuge muss sich die theologische Ausbildung nicht nur mit ihrem Nutzen, sondern auch mit ihrer theologischen Plausibilität auseinandersetzen.

Aus ethischer Sicht konfrontiert KI-Pädagogen mit Fragen zu Gerechtigkeit, Voreingenommenheit, Überwachung und Macht. KI-

Systeme spiegeln oft die Werte und Annahmen ihrer Schöpfer wider. Bleiben sie unkontrolliert, besteht die Gefahr, dass sie theologische, kulturelle und rassistische Vorurteile verewigen. Theologische Institutionen müssen sich daher kritisch mit KI auseinandersetzen und Studierende ausbilden, die diese Systeme aus der Perspektive der Gerechtigkeit des Evangeliums und des prophetischen Zeugnisses analysieren und hinterfragen können.

Im Vorfeld des Jahres 2050 müssen theologische Pädagogen erkennen, dass KI nicht nur ein zu integrierendes Werkzeug ist, sondern ein zu interpretierender Kontext. So wie der Buchdruck neue Lernmethoden und kirchliche Autorität hervorbrachte, erfordert KI neue Pädagogik, neue Theologien und vielleicht auch ein neues Verständnis des Menschseins. Es geht nicht nur darum, KI effektiv zu nutzen, sondern sie theologisch mit Wachsamkeit, Kreativität und Hoffnung zu nutzen.

Abschluss
Aus der Vergangenheit lernen, in die Zukunft führen
Dieses Kapitel hat gezeigt, wie technologische Veränderungen die theologische Ausbildung immer wieder verändert und verändert haben. Von der Schriftrolle bis zum Bildschirm brachte jeder Wandel sowohl Verluste als auch Gewinne, Herausforderungen und Chancen mit sich. Die Geschichte der theologischen Ausbildung ist eine Geschichte der Anpassung, Innovation und Urteilskraft.

Angesichts einer Zukunft, die zunehmend von künstlicher Intelligenz geprägt ist, sind wir nicht nur aufgefordert, pragmatisch zu reagieren, sondern auch prophetisch voranzugehen. Die vor uns liegende Aufgabe besteht nicht nur darin, neue Technologien zu übernehmen, sondern eine theologische Vorstellungskraft zu entwickeln, die in der Lage ist, die von ihnen geschaffene Welt zu interpretieren und zu gestalten.

Dies erfordert ein erneuertes Bekenntnis zu den theologischen Tugenden Weisheit, Demut, Gerechtigkeit und Hoffnung als Grundlage unserer Pädagogik und institutionellen Mission. Wir müssen Führungskräfte heranbilden, die nicht nur digital versiert, sondern auch spirituell verwurzelt sind und in der Lage sind, komplexe Situationen mit Urteilsvermögen und Anmut zu meistern.

Es erfordert auch institutionellen Mut. Seminare und theologische Fakultäten müssen bereit sein, veraltete Modelle zu überdenken, Experimente zuzulassen und in die Entwicklung von Lehrkräften zu investieren, die die theologische Auseinandersetzung mit KI fördern. Partnerschaften mit Ethikern, Technologen und globalen christlichen Gemeinschaften werden für die Entwicklung einer ganzheitlichen und gläubigen Antwort unerlässlich sein.

Vor allem muss die Zukunft der theologischen Ausbildung ihrer tiefsten Berufung verpflichtet bleiben: Menschen auszubilden, die in ihrer Zeit Zeugnis für das Evangelium ablegen können. Dieses Zeugnis wird im Jahr 2050 anders aussehen, doch sein Kern bleibt unverändert: die Liebe zu Gott und dem Nächsten, die Suche nach

13

Wahrheit und Gerechtigkeit und die Teilnahme an Gott fortwährendem Erlösungswerk, auch inmitten digitaler Umbrüche.

Die Geschichte der theologischen Ausbildung wird noch geschrieben. Mit Mut, Kreativität und Gemeinschaft können wir eine Zukunft gestalten, in der die Kirche nicht nur das Zeitalter der künstlichen Intelligenz überlebt, sondern auch treu, prophetisch und inkarniert darin gedeihen kann.

Kapitel 2
Künstliche Intelligenz als theologische Herausforderung

Einführung
Theologie auf einem neuen Terrain

Künstliche Intelligenz (KI) ist mehr als ein technologischer Fortschritt; sie ist ein intellektuelles, kulturelles und spirituelles Phänomen, das einige der tiefsten Annahmen der christlichen Theologie in Frage stellt. Da KI-Systeme zunehmend an interpretierenden, kreativen und sogar relationalen Aufgaben beteiligt sind, werfen sie grundlegende theologische Fragen auf: Was bedeutet es, in einer Welt intelligenter Maschinen Mensch zu sein? Können Maschinen moralische Verantwortung tragen? Wo ist Gott in einer von KI geprägten Welt? Dieses Kapitel untersucht, wie KI einzigartige Herausforderungen und Chancen für Kernbereiche der christlichen Theologie mit sich bringt.

Theologisch über KI zu sprechen, bedeutet nicht nur, neue Werkzeuge zu kommentieren, sondern sich mit einer sich entfaltenden Realität auseinanderzusetzen, die Wissen, Handlungsfähigkeit, Verkörperung und Gemeinschaft neugestaltet. Theologen müssen über oberflächliche Fragen der Nützlichkeit hinausgehen und sich mit den tieferen Auswirkungen auseinandersetzen, die KI auf die Lehren von Schöpfung, Sünde, Erlösung und Eschatologie hat. Dies ist besonders dringend für diejenigen, die christliche Führungspersönlichkeiten für den Dienst und das Zeugnis in einer Kultur ausbilden, in der KI zunehmend alles von der Kommunikation bis zur moralischen Entscheidungsfindung vermittelt.

Das Terrain, das wir jetzt betreten, ist sowohl von Kontinuität als auch von Brüchen geprägt. Die Fragen, die die KI aufwirft, spiegeln uralte Bedenken wider, was es bedeutet, Mensch zu sein, wie Wissen vermittelt wird und wo Weisheit zu finden ist. Und doch stellen Ausmaß, Geschwindigkeit und Reichweite des Einflusses der KI etwas Neues dar, einen epochalen Wandel, der dem Einfluss des Buchdrucks oder der Geburt des digitalen Zeitalters nicht unähnlich ist. Für theologische Pädagogen besteht die Herausforderung nicht nur darin, mit dem technologischen Wandel Schritt zu halten, sondern der Kirche zu helfen, dessen Bedeutung zu erkennen, ihre Idole zu kritisieren und sich treue Praktiken des Widerstands, der Integration und der Innovation vorzustellen.

Im Folgenden untersuchen wir, wie sich KI mit zentralen Bereichen theologischer Reflexion überschneidet und dabei sowohl Vorsicht als auch Kreativität erfordert. Statt nur mit Angst oder Faszination zu reagieren, muss die theologische Ausbildung im Zeitalter der KI von Urteilsvermögen geprägt sein – einer Tugend, die in Gebet, Gemeinschaft, Tradition und Hoffnung kultiviert wird.

Theologische Anthropologie
Was ist der Mensch?

Im Zentrum der KI-Herausforderung steht die theologische Anthropologie. Die christliche

16

Tradition geht seit langem davon aus, dass der Mensch nach dem Bild Gottes (*imago Dei*) geschaffen und mit Vernunft, Relationalität, Kreativität und moralischer Handlungsfähigkeit ausgestattet ist. Doch KI-Systeme zeigen heute Verhaltensweisen, die menschliches Denken, Sprachgebrauch und Entscheidungsverhalten nachahmen. Maschinen können heute Gespräche führen, Texte generieren, Daten interpretieren, Musik komponieren und sogar emotional mit Nutzern interagieren, und zwar auf eine Weise, die authentisch menschlich erscheint. Diese technologische Nachahmung verändert grundlegend die gesellschaftliche Definition und Wertschätzung menschlicher Einzigartigkeit.

Die theologische Frage wird angesichts populärer Narrativen, die die Grenze zwischen Menschen und Maschine verwischen, noch dringlicher. Wenn KI menschliches Denken und Verhalten nachahmen kann, schmälert dies dann die theologische Behauptung, der Mensch sei einzigartig nach Gottes Ebenbild geschaffen? Die Antwort liegt nicht darin, sich in Angst oder Mystizismus zurückzuziehen, sondern darin, zu einem soliden und differenzierten Verständnis dessen zurückzukehren, was es bedeutet, das *Ebenbild Gottes* zu tragen.

Traditionell wurde das Bild Gottes aus drei Hauptperspektiven interpretiert: substanziell, funktional und relational. Substanzielle Sichtweisen verbinden das *Bild Gottes* mit spezifischen menschlichen Fähigkeiten wie Rationalität oder moralischer Urteilskraft – Eigenschaften, die KI heute nachahmt. Funktionale Interpretationen betonen menschliche Herrschaft und Kreativität –

17

Bereiche, in denen KI-Systeme zunehmend ausgefeilter werden. Die relationale Sichtweise hingegen, die sich auf Gott dreieinige Natur stützt, betont Gemeinschaft, Liebe und die verkörperte Teilnahme an Bündnisbeziehungen. Hier greift KI zu kurz.

KI kann zwar Konversation simulieren, besitzt aber weder Empathie noch Verlangen oder einen auf Gemeinschaft ausgerichteten Willen. Sie leidet nicht, hofft nicht und betet nicht. Sie sehnt sich nicht nach Transzendenz und trauert nicht um den Verlust eines anderen. Diese zutiefst menschlichen Erfahrungen sind nicht zufällig unserer Natur zuzuschreiben, sondern integraler Bestandteil unserer Berufung als Wesen, die für Liebe, Verletzlichkeit und Anbetung geschaffen sind. Die theologische Anthropologie muss darauf bestehen, dass Menschsein nicht auf Rechenleistung oder Leistung reduziert werden kann.

Darüber hinaus ist der Mensch nicht nur eine individuelle Intelligenz, sondern ein Geschöpf, das in und für die Gemeinschaft geschaffen wurde. Das *Bild Gottes* verwirklicht sich vollständig in der Beziehung zu Gott und anderen, geprägt durch Erzählung, Kultur, Verkörperung und spirituelle Bildung. KI, trotz all ihrer Fähigkeiten, fehlt es an Geschichte, Sterblichkeit und der Fähigkeit zur Liebe im Bund. Sie kann die Sakramente nicht empfangen, die Wahrheit in Liebe sprechen oder das Kreuz tragen. Daher muss die theologische Ausbildung im Zeitalter der KI die Menschenwürde neu formulieren – nicht im Wettbewerb mit Maschinen, sondern in tieferer Treue zur christlichen Vision des Menschen als Ebenbild, das in das Leben Gottes berufen ist.

Offenbarung und Interpretation
Wer spricht für Gott?

KI-Systeme, die anhand umfangreicher theologischer und biblischer Texte trainiert wurden, können heute Predigten, Kommentare und Gebete verfassen. Sie können Trends im religiösen Diskurs analysieren, thematische Muster in der Heiligen Schrift erkennen und sogar mit beeindruckender Gewandtheit auf spirituelle Fragen antworten. Diese Entwicklungen stellen das theologische Verständnis von Offenbarung und Interpretation vor tiefgreifende Herausforderungen.

Traditionell wird Offenbarung in der christlichen Theologie als Gottes Selbstoffenbarung verstanden, die von Gott initiiert und von Menschen durch das Zeugnis der Heiligen Schrift, das Zeugnis der Kirche und die Einwohnung des Heiligen Geistes empfangen wird. Interpretation wiederum ist ein spiritueller, gemeinschaftlicher Akt, der sowohl Vernunft als auch Empfänglichkeit erfordert und im gelebten Glauben der christlichen Gemeinschaft wurzelt. Der Anstieg von KI-generierten theologischen Veröffentlichungen (Texte, die doktrinär korrekt, stilistisch elegant und kontextuell aufschlussreich sein können) wirft beunruhigende Fragen zu Authentizität, Autorität und spiritueller Urteilskraft auf.

Können die von KI-Systemen produzierten Wörter Wahrheit enthalten oder nur den Anschein von Wahrheit? Können sie göttliche Offenbarung bezeugen oder spiegeln sie statistische Wahrscheinlichkeiten wider, die aus riesigen Datensätzen gewonnen wurden? Diese Fragen fordern uns heraus, zwischen Information und

Offenbarung, zwischen sprachlicher Präzision und spiritueller Tiefe zu unterscheiden. KI mag zwar hilfreiche Zusammenfassungen liefern oder den Ton spiritueller Einsichten nachahmen, doch fehlt es ihr an Bewusstsein, Absicht und der Fähigkeit zur spirituellen Unterscheidung. Sie lässt sich weder vom Heiligen Geist leiten, noch kann sie sich in andächtiger Hingabe oder theologischer Bewunderung üben.

Darüber hinaus ist Interpretation niemals eine neutrale oder rein intellektuelle Aufgabe. Sie wird geprägt von den eigenen Verpflichtungen, Traditionen und der existenziellen Auseinandersetzung mit dem lebendigen Gott. KI-Systeme beten nicht, weinen nicht über einen Text und tragen keine Verantwortung für die theologischen Behauptungen, die sie aufstellen. Sie können nicht wie menschliche Interpreten zur Rechenschaft gezogen werden. Dieser Mangel an moralischer und spiritueller Verantwortlichkeit schränkt die Rolle der KI im theologischen Diskurs entscheidend ein.

Dies bedeutet jedoch nicht, dass KI keine Rolle spielt. Sie kann als Werkzeug dienen, das die theologische Reflexion des Menschen unterstützt, bei der Forschung hilft, Muster in der Heiligen Schrift erkennt oder kreative Anregungen für die Entwicklung der Homiletik bietet. Ihre Funktion muss jedoch zweitrangig bleiben und stets von Menschen interpretiert und gestaltet werden, deren theologische Vorstellungskraft von der Heiligen Schrift, der Tradition, der Erfahrung und der Vernunft im Kontext des Glaubens geprägt ist.

In einer Zeit, in der synthetische Stimmen den theologischen Dialog zunehmend prägen, muss die theologische Ausbildung den Studierenden beibringen, die Geister zu prüfen, kritisches und spirituelles Urteilsvermögen zu üben und Bildung über Information zu stellen. Ziel ist nicht nur die Produktion theologisch schlüssiger Texte, sondern die Heranbildung theologisch verständiger Menschen. Letztendlich ist Offenbarung keine Frage algorithmischer Ergebnisse, sondern göttlicher Begegnungen, vermittelt durch Fleisch und Geschichte, verkündet von Propheten und Pastoren und empfangen von Gemeinden, die sich zu Gottesdienst und Zeugnis versammeln.

Sünde, Sündhaftigkeit und die Macht der Maschine

Kann KI sündigen? Kann sie für Handlungen zur Verantwortung gezogen werden, die anderen schaden? Diese provokanten Fragen offenbaren die theologische Komplexität des Handelns in einer zunehmend von Maschinen geprägten Welt. Aus christlich-theologischer Sicht ist Sünde nicht nur die Verletzung eines Moralkodex, sondern ein Beziehungsbruch, eine Abkehr von Gott, vom Nächsten und von der Schöpfung. Sie erfordert Absicht, Willen und moralisches Bewusstsein. KI in ihrer gegenwärtigen Form besitzt nichts davon. Sie funktioniert mit Algorithmen und statistischen Vorhersagen. Sie hat kein Bewusstsein, keine Fähigkeit zur Selbstprüfung, keine Schuld und kein Verlangen nach Vergebung. Daher kann KI im theologischen Sinne nicht sündigen.

Dennoch können die Aktionen von KI-Systemen tatsächlich Schaden anrichten. Voreingenommene Algorithmen können Chancen vereiteln, Gesichtserkennungssoftware kann Personen aufgrund ihrer Rasse falsch identifizieren und generative Modelle können Fehlinformationen verbreiten oder repressive theologische Strukturen replizieren. In jedem dieser Fälle ist der Schaden real, aber die moralische Verantwortung liegt nicht bei der Maschine, sondern bei den Menschen, die diese Technologien entwickeln, einsetzen und nicht regulieren. Die Sünde liegt also nicht bei der Maschine, sondern in den menschlichen Macht-, Profit- und Kontrollsystemen, die die Entwicklung und Nutzung von KI prägen.

Der theologische Diskurs muss sich nicht nur mit dem Verhalten von Maschinen befassen, sondern auch mit den Motivationen und Strukturen, die ihre Entwicklung bestimmen. Die Vergötterung der technologischen Erlösung, der Glaube, Innovation könne die Welt ohne Reue oder Gnade erlösen, ist eine besonders heimtückische Versuchung. Sie fördert eine Kultur, in der Effizienz über Gerechtigkeit gestellt, Kontrolle der Gemeinschaft vorgezogen und der Wert des Menschen an Produktivität statt an Würde gemessen wird. In diesem Ökosystem wird KI zum Spiegel der menschlichen Sündhaftigkeit und verstärkt die Zerbrochenheit, die bereits in unseren Herzen und Institutionen vorhanden ist.

Buße im Zeitalter der KI muss mehr beinhalten als individuelle Reue. Sie muss institutionelle Reformen, ethische Führung und die Bereitschaft umfassen, die in technologischen

Infrastrukturen verankerten, systemischen Ungerechtigkeiten zu benennen und ihnen Widerstand zu leisten. Dazu gehört auch, kritische Fragen darüber zu stellen, wessen Stimmen aus den KI-Trainingsdaten ausgeschlossen bleiben, wessen Körper von KI-Tools überwacht werden und wessen Interessen die Profite der Automatisierung dienen. Kirche und theologische Akademie spielen eine entscheidende Rolle bei der Entwicklung einer moralischen Vorstellungskraft, die Technologie nicht als neutrales, sondern als zutiefst moralisches und spirituelles Terrain betrachtet.

Letztlich fordert uns KI heraus, unser Verständnis menschlicher Verantwortung zu erweitern. Wir sind nicht nur für unser eigenes Handeln verantwortlich, sondern auch für die Systeme, die wir bauen, die Werkzeuge, denen wir vertrauen, und die Macht, die wir ausüben. Die theologische Antwort auf KI muss mit einem erneuerten Bewusstsein für unsere Berufung beginnen: Nächstenliebe, Bewahrung der Schöpfung und Widerstand gegen die Mächte (technologischer und anderer Art), die das Bild Gottes in uns und anderen verzerren.

Eschatologie und Hoffnung in einer posthumanen Zukunft

In aktuellen Diskursen über künstliche Intelligenz schwanken Zukunftsvisionen oft zwischen zwei Extremen: utopischen Fantasien, menschliche Grenzen durch technologische Integration zu überwinden, und dystopischen Ängsten vor der Überalterung des Menschen oder der Beherrschung durch autonome Systeme.

23

Populäre Narrative der "Singularität" oder der Mensch-Maschine-Konvergenz versprechen eine Art Erlösung, einen Ausweg aus Sterblichkeit, Leid und Begrenzung. Im Gegensatz dazu sehen apokalyptische Warnungen KI als Bedrohung für das menschliche Überleben, die moralische Handlungsfähigkeit oder den sozialen Zusammenhalt. Beide Visionen spiegeln tiefe kulturelle Ängste und Sehnsüchte wider, doch keine von beiden gründet auf der theologischen Vision der christlichen Eschatologie.

Christliche Hoffnung wurzelt nicht im technologischen Fortschritt oder Rückschritt, sondern in der Verheißung einer neuen Schöpfung, der Wiederherstellung und Erfüllung aller Dinge in Christus. Die Eschatologie erinnert uns daran, dass die Geschichte weder ziellos ist noch letztlich von Algorithmen, Märkten oder maschineller Intelligenz bestimmt wird. Vielmehr wird sie von den erlösenden Absichten Gottes gelenkt, der Leben aus dem Tod hervorbringt und Schönheit aus dem Chaos schafft. Dieser theologische Horizont bietet eine Alternative zu Techno-Optimismus und fatalistischer Verzweiflung. Er verortet die Hoffnung nicht in menschlicher Innovation, sondern in göttlicher Gnade.

In diesem Zusammenhang stehen die posthumanen Fantasien von der Transzendierung der Verkörperung, dem Hochladen des Bewusstseins oder der Erlangung digitaler Unsterblichkeit in krassem Gegensatz zur christlichen Bekräftigung der Auferstehung des Fleisches. Die eschatologische Verheißung ist nicht die Beseitigung des menschlichen Daseins, sondern seine

Transformation. Sie bekräftigt die Güte der Schöpfung, die Würde des verkörperten Lebens und den bleibenden Wert relationaler Präsenz. Die christliche Eschatologie imaginiert kein Entkommen aus der Endlichkeit, sondern die Gemeinschaft mit Gott und anderen in einer erneuerten Schöpfung.

Darüber hinaus befähigt eschatologische Vorstellungskraft zum Widerstand. Sie befreit die Kirche aus der Gefangenschaft des technologischen Determinismus und befähigt sie, ungerechte, unausweichliche Strukturen zu kritisieren. Sie ruft die Kirche dazu auf, nicht durch die Beherrschung von Werkzeugen Zeugnis abzulegen, sondern durch Treue zum leidenden Christus, dessen Reich nicht durch Herrschaft, sondern durch kreuzförmige Liebe kommt. Die Hoffnung des Evangeliums liegt nicht darin, dass Maschinen die Welt vervollkommnen, sondern dass Gott sie erlöst, auch die Teile, die durch den menschlichen Missbrauch der Technologie korrumpiert wurden.

Theologische Ausbildung muss daher eschatologisches Urteilsvermögen fördern. Studierende müssen lernen, kulturelle Zukunftsnarrative im Kontext der biblischen Erlösungsgeschichte zu lesen. Sie müssen in die Lage versetzt werden, eine alternative Vorstellungswelt zu entwickeln, die nicht von Angst oder Fantasie geprägt ist, sondern von geduldiger Hoffnung, die auf Gottes Verheißungen gründet. Im Zeitalter der künstlichen Intelligenz bedeutet dies, nicht nur über Algorithmen, sondern auch über apokalyptische Literatur zu lehren, nicht nur über Ethik, sondern über das Ende aller Dinge in Christus.

Letztlich bietet die christliche Eschatologie keinen Plan für die Zukunft, sondern eine Vision des ultimativen Sinns. Sie verankert die Menschenwürde in Gottes Treue und lädt die Kirche ein, Hoffnung in einer Welt zu verkörpern, die oft Intelligenz mit Weisheit, Schnelligkeit mit Zielstrebigkeit und Innovation mit Erlösung verwechselt. In diesem Licht betrachtet, ist die posthumane Zukunft keine Bedrohung der theologischen Hoffnung, sondern eine Einladung, sie klarer und mutiger zu verkünden.

Christologie und die Einzigartigkeit der Inkarnation

In einer Zeit, in der digitale Präsenz, virtuelle Avatare und körperlose Interaktionen zunehmend normalisiert werden, steht die theologische Behauptung der Menschwerdung Gottes (der Fleischwerdung Gottes) in krassem Gegensatz dazu. Die Lehre von der Menschwerdung ist nicht bloß eine Feststellung über die Vergangenheit; sie ist ein grundlegendes Bekenntnis zum Wesen Gottes und zur Bedeutung von Verkörperung, Relationalität und Verletzlichkeit. Jesus Christus, ganz Gott und ganz Mensch, kam nicht als Datenstrom oder Fernprojektion, sondern in einem realen menschlichen Körper, geboren zu einer bestimmten Zeit und an einem bestimmten Ort und geformt durch Kultur, Sprache und Geschichte. Das Wort wurde Fleisch, nicht Code.

Diese christologische Aussage hat tiefgreifende Auswirkungen auf unsere Einstellung zu künstlicher Intelligenz. KI, egal wie hochentwickelt, kann weder einen Körper

26

bewohnen, leiden, bluten noch sterben. Sie kann keinen Hunger empfinden, nicht am Grab eines Freundes weinen oder im Garten Blut schwitzen. Dies sind keine zufälligen menschlichen Erfahrungen, sondern zentrale Bestandteile des Evangeliums. Die christliche Geschichte handelt von göttlicher Solidarität mit der menschlichen Zerbrechlichkeit, nicht von deren Überwindung. Indem Christus Fleisch annahm, bekräftigte er die Güte des Körpers und offenbarte, dass Erlösung nicht die Flucht vor der Materialität, sondern deren Erlösung ist.

Im Gegensatz dazu suggeriert ein Großteil der Rhetorik rund um KI, insbesondere im transhumanistischen und posthumanistischen Diskurs, dass Verkörperung eine zu überwindende Einschränkung sei. Bewusstsein, so wird behauptet, könne eines Tages hochgeladen werden, sodass Menschen digital für immer leben könnten. Diese Ansicht steht im Widerspruch zum christlichen Bekenntnis zur leiblichen Auferstehung Christi Auferstehung war kein metaphorisches Ereignis oder virtuelles Phänomen; sie war die Verwandlung eines realen, verwundeten Körpers in die Erstlingsfrucht einer neuen Schöpfung. Jede theologische Auseinandersetzung mit KI muss die Irreduzibilität des Körpers im christlichen Denken ernst nehmen.

Darüber hinaus bekräftigt die Christologie, dass Wahrheit nicht einfach nur Information ist, die übermittelt werden muss, sondern eine Person, die es kennenzulernen gilt. KI kann theologische Daten verarbeiten, Dialoge simulieren oder schlüssige Predigten verfassen, aber sie kann das Antlitz Gottes nicht offenbaren. Offenbarung ist im christlichen Sinne nicht abstrakt oder losgelöst, sondern relational, persönlich und verkörpert. Jesus sprach nicht einfach die Wahrheit; er war und ist die Wahrheit. Das bedeutet, dass die Bildung nach dem Ebenbild Christi nicht durch algorithmische Replikation erreicht werden kann, sondern durch spirituelle Transformation im Kontext einer verkörperten Gemeinschaft.

Die Christologie dient auch als Korrektiv gegen die Versuchung, Maschinen zu vergöttlichen oder mit messianischen Hoffnungen zu füllen. In einer technologischen Kultur, die oft von Versprechungen nach Effizienz, Kontrolle und ständiger Innovation getrieben wird, steht das Kreuz Christi als subversives Gegennarrativ. Erlösung kommt nicht durch Fortschritt, sondern durch Opfer, nicht durch künstliche Vollkommenheit, sondern durch göttliche Gnade. Die Kirche muss sich daher technologischen Evangelien widersetzen, die Leben ohne Tod, Verbundenheit ohne Verletzlichkeit oder Wissen ohne Weisheit versprechen.

In der theologischen Ausbildung sollte die Einzigartigkeit der Menschwerdung sowohl Pädagogik als auch Praxis prägen. Lehrende müssen die verkörperte Gegenwart Christi in ihrem Unterricht vorleben und dabei Beziehungstiefe, spirituelle Aufmerksamkeit und ein Engagement für den ganzen Menschen fördern. Technologie, einschließlich KI, kann diese Aufgabe unterstützen, darf sie aber niemals ersetzen. Ziel der Ausbildung ist nicht bloße Kompetenz, sondern Christusähnlichkeit – ein Weg, der niemals an Maschinen ausgelagert werden kann.

Letztlich verankert uns die Christologie in einer Vision der Menschheit, die durch KI nicht bedroht, sondern geklärt wird. Je mehr wir darüber nachdenken, was KI nicht kann (verkörpern, mitfühlen, leiden, erlösen), desto mehr werden wir zum Mysterium und Wunder des fleischgewordenen Wortes zurückgeführt. Angesichts der körperlosen Intelligenz verkündet die Kirche einen gekreuzigten und auferstandenen Herrn, der sich ganz in die menschliche Existenz hineinversetzt und uns einlädt, dasselbe zu tun.

Abschluss
Auf dem Weg zu einer differenzierten Theologie der KI

KI zwingt die Theologie, alte Fragen auf neue Weise zu stellen. Sie bricht mit tradierten Kategorien und erfordert eine sorgfältige, kritische und fantasievolle Antwort. Die theologische Ausbildung muss sich sowohl unkritischer Übernahme als auch angstbasierter Ablehnung widersetzen. Stattdessen muss sie Führungskräfte ausbilden, die theologisch über Technologie nachdenken, prophetisch über Gerechtigkeit und Verantwortung sprechen und hoffnungsvoll in einer Welt leben können, in der Maschinen zwar denken, aber nur Menschen lieben können.

Während wir in diese von KI geprägte Zukunft vordringen, bleibt die Aufgabe der Theologie bestehen: das Evangelium zu verkünden, die Menschenwürde zu bekräftigen und den Gott zu bezeugen, der für das Leben der Welt Fleisch (und nicht Code) wurde.

Kapitel 3
Jenseits von Techno-Optimismus und Angst
Eine christliche moralische Antwort auf KI

Einführung
Die Spannung halten

Künstliche Intelligenz (KI) weckt sowohl überwältigenden Optimismus als auch lähmende Angst. Manche preisen KI als Schlüssel zur Lösung der größten Herausforderungen der Menschheit, von der Ausrottung von Krankheiten bis zur Eindämmung des Klimawandels. Andere warnen vor existenziellen Risiken, Massenarbeitslosigkeit und der Erosion der Menschenwürde. In der theologischen Ausbildung finden sich diese Extreme oft wieder: Die einen sehen KI als neuen Partner im Dienst, die anderen als gefährliche Bedrohung für Glauben und Bildung. Dieses Kapitel argumentiert, dass eine christliche moralische Antwort auf KI erfordert, über unkritische Akzeptanz und reaktionäre Ablehnung hinauszugehen und stattdessen eine Haltung der Urteilskraft zu entwickeln, die auf Hoffnung, Gerechtigkeit und Demut gründet.

Die Intensität des aktuellen Diskurses kommt nicht von ungefähr. KI ist schnell zu einem kulturellen Symbol geworden, das die tiefsten Hoffnungen und Ängste der Menschheit hinsichtlich ihrer eigenen Zukunft vereint. Optimisten erscheint KI als die nächste Stufe des menschlichen

Fortschritts, als ein Werkzeug, das Ineffizienz beseitigen, menschliche Fähigkeiten erweitern und vielleicht sogar die Sterblichkeit selbst überwinden wird. Für Pessimisten verkörpert KI unsere schlimmsten Ängste: die Ersetzung von Arbeitern durch Maschinen, die Manipulation der Wahrheit durch synthetische Medien und das Schreckgespenst von Maschinen, die sich der menschlichen Kontrolle entziehen. Diese konkurrierenden Narrative agieren oft mit quasi-religiösem Eifer und bieten Visionen von Erlösung oder Untergang, die die Vorstellungen von Gesellschaften über ihr Schicksal prägen.

Für Christinnen und Christen besteht die Herausforderung darin, sich nicht von einem der beiden Extreme gefangen nehmen zu lassen. Das Evangelium ruft die Kirche weder zu naivem Optimismus in Bezug auf den menschlichen Einfallsreichtum noch zur Verzweiflung angesichts technologischer Umbrüche auf. Stattdessen ruft es uns zu Hoffnung auf, die in Gottes Souveränität wurzelt, zu Gerechtigkeit, die in Gottes Sorge um die Schwachen wurzelt, und zu Demut, die auf der Erkenntnis beruht, dass wir Geschöpfe sind und nicht Schöpfer des Heils. Die Aufgabe besteht also nicht darin, zwischen Optimismus und Angst zu wählen, sondern zu lernen, die Spannung zwischen beiden zu bewältigen und zu erkennen, wie Gott während des technologischen Wandels wirken könnte.

Die theologische Ausbildung trägt hier eine besondere Verantwortung. Seminare sind nicht nur Orte der intellektuellen Bildung, sondern auch Laboratorien moralischer Vorstellungskraft. Sie müssen Führungskräfte ausbilden, die sich mit KI auseinandersetzen können, ohne sie zu vergöttern oder sich von ihr abzuwenden. Führungskräfte, die kritisch denken, mitfühlend handeln und prophetisch in Gemeinschaften sprechen können, die mit der Präsenz von KI im Alltag zu kämpfen haben. Dies erfordert eine tiefe Verwurzelung in der christlichen Moraltradition und den Mut, diese auf beispiellose Umstände anzuwenden.

Was in diesem Kapitel folgt, ist keine Sammlung technischer Richtlinien oder vereinfachender Urteile, sondern eine Einladung zur moralischen Urteilsbildung. Indem wir die Versuchungen des Techno-Optimismus, die Gefahren von Angst und Fatalismus sowie die Tugenden von Gerechtigkeit, Demut und Hoffnung untersuchen, wollen wir einen Weg jenseits der Extreme finden. Dabei geht es weder darum, die Technologie rundheraus zu segnen noch zu verfluchen, sondern darum, in der Komplexität unserer Zeit treu zu leben und darauf zu vertrauen, dass Gottes Geist die Kirche auch im Zeitalter künstlicher Intelligenz weiterhin zur Wahrheit führt.

Die Versuchungen des Techno-Optimismus

Der Techno-Optimismus betrachtet KI als eine nahezu messianische Kraft, die eine neue Ära des menschlichen Wohlstands einläuten kann. In dieser Vision ist Technologie nicht nur ein Werkzeug, sondern der Motor der Erlösung. Dieser Optimismus entspringt oft den Idealen der Aufklärung von Fortschritt, Effizienz und Meisterschaft. In der Seelsorge und im Bildungswesen manifestiert sich diese Denkweise in der Überzeugung, dass KI pastorale

Herausforderungen lösen, theologisches Wissen demokratisieren und skalierbare Lösungen für die weltweite Jüngerschaft bieten kann.

Der Reiz des Techno-Optimismus ist verständlich. Die Geschwindigkeit und Raffinesse der KI versprechen Durchbrüche im Gesundheitswesen, in der Klimaforschung und im sozialen Zusammenleben, die die Lebensqualität dramatisch verbessern könnten. Innerhalb der Kirche bietet sie die Möglichkeit, ein breiteres Publikum zu erreichen, die Heilige Schrift sofort in mehrere Sprachen zu übersetzen oder durch virtuelle Assistenten personalisierte Seelsorge zu leisten. Diese Möglichkeiten wecken echte Begeisterung darüber, was Technologie für die Mission des Volkes Gottes leisten könnte.

Doch ungezügelter Optimismus läuft Gefahr, zu einer Form von Götzendienst zu werden. Wenn wir unser volles Vertrauen in KI setzen, verlagern wir unsere Hoffnung subtil von Gottes Erlösungswerk auf menschlichen Einfallsreichtum. Die Versuchung ist hier nicht nur technologischer, sondern theologischer Natur: zu glauben, Fortschritt selbst sei erlösend. In diesem Sinne funktioniert Techno-Optimismus wie eine säkulare Eschatologie: Er verspricht eine Zukunft, die nicht von Christus, sondern von Algorithmen und Innovation erlöst wird. Eine solche Vision verzerrt das Evangelium und birgt die Gefahr, dass Gemeinschaften falsches Vertrauen schöpfen.

Darüber hinaus ignoriert der Techno-Optimismus oft die versteckten Kosten der technologischen Entwicklung. Der enorme Energiebedarf für KI-Systeme trägt zur

Umweltzerstörung bei. Die Ausbeutung von Niedriglohnarbeitern, die Trainingsdaten manipulieren, offenbart den menschlichen Tribut, der hinter vermeintlich reibungsloser Technologie steckt. Und die Machtkonzentration in den Händen weniger Konzerne offenbart die Gefahren wirtschaftlicher und politischer Ungleichgewichte. Wenn die Kirche KI kritiklos akzeptiert, riskiert sie, sich mit Systemen zu verbünden, die Ungerechtigkeit aufrechterhalten.

In der theologischen Ausbildung kann diese Versuchung subtil sein. Professoren und Verwaltungsangestellte sehen KI möglicherweise als Mittel, umsinkende Einschreibungszahlen zu lösen, die Lehrbelastung zu reduzieren oder das Lehrangebot zu erweitern, ohne ausreichend in die Lehrkräfte zu investieren. Studierende könnten versucht sein, KI-Tools als Ersatz für sorgfältiges Studium zu betrachten und sich auf sie zu verlassen, um sofortige Antworten zu erhalten, anstatt die für theologisches Forschen erforderliche Geduld und Demut zu entwickeln. In beiden Fällen droht der Reiz der Effizienz, die tieferen Ziele von Bildung, Weisheit und Treue zu untergraben.

Um der Versuchung des Techno-Optimismus zu widerstehen, müssen christliche Gemeinschaften bekräftigen, dass Technologie ein Mittel und kein Zweck ist. KI kann die Arbeit in Seelsorge und Bildung unterstützen, aber sie kann die Praktiken der Präsenz, des Gebets, der Unterscheidung und der Gemeinschaft, die für das christliche Leben von zentraler Bedeutung sind, nicht ersetzen. Sie kann ein wertvolles Werkzeug sein, aber sie kann nicht unser Retter sein. Nur wenn diese Unterscheidung klar bleibt, kann die Kirche die Gaben der Technologie nutzen, ohne ihren falschen Versprechungen zu erliegen.

Die Gefahren von Angst und Fatalismus

Andererseits ist Angst oft der Nährboden für Narrative, die KI als unaufhaltsame Bedrohung darstellen, die die menschliche Identität, Handlungsfähigkeit und sogar das Überleben bedroht. Solche Ängste sind nicht unbegründet; KI hat bereits Volkswirtschaften durcheinandergebracht, die Privatsphäre untergraben und das politische Leben neugestaltet. In der Kirche manifestiert sich Angst als Widerstand gegen Technologie insgesamt, der in der Sorge wurzelt, dass KI die Rolle des Klerus schmälern, heilige Praktiken trivialisieren oder die menschliche Präsenz ersetzen könnte.

Diese Angst kann jedoch schnell in Fatalismus umschlagen. Die Kirche geht dann davon aus, dass man die technologische Entwicklung weder beeinflussen noch ihr entgegenwirken könne. Gemeinschaften versinken möglicherweise in Nostalgie und sehnen sich nach einer vermeintlich reineren Vergangenheit. Oder sie ziehen sich gänzlich aus sinnvollem Engagement zurück, weil sie davon ausgehen, dass KI die menschliche Kultur und den Glauben unweigerlich korrumpieren wird. Solche Haltungen sind zwar verständlich, wirken aber letztlich lähmend. Sie hindern die Kirche daran, sich gläubige Wege für die Gegenwart vorzustellen, und rauben ihr den Mut, prophetisch über Gerechtigkeit, Würde und Hoffnung zu sprechen.

Es ist wichtig zu erkennen, dass Angst oft aus echten Wunden und Erfahrungen entsteht. Arbeitnehmer, die durch Automatisierung ihren Arbeitsplatz verloren haben, Menschen, die durch algorithmische Voreingenommenheit geschädigt wurden, oder Gemeindemitglieder, die sich vor Überwachung fürchten, haben alle berechtigte Sorgen. Die Gefahr liegt nicht darin, diese Realitäten anzuerkennen, sondern darin, ihnen eine Haltung der Verzweiflung zuzuschreiben. Unkontrollierte Angst birgt die Gefahr, das christliche Zeugnis zu verzerren, indem sie Misstrauen, Isolation und Passivität statt Liebe, Vertrauen und Mut fördert.

Eine rein ängstliche Haltung gegenüber KI unterschätzt zudem die Souveränität Gottes. Die christliche Theologie bekräftigt, dass keine technologische Kraft, wie mächtig sie auch sein mag, außerhalb der Reichweite von Gottes Vorsehung operiert. In Angst zu leben bedeutet, das biblische Zeugnis zu vergessen, dass uns nichts von der Liebe Gottes in Jesus Christus trennen kann. Wenn Gemeinschaften dem Fatalismus verfallen, leugnen sie faktisch die Hoffnung auf Auferstehung und die fortwährende Gegenwart des Heiligen Geistes in der Welt.

Das Gegenmittel gegen Angst ist nicht naiver Optimismus, sondern Mut, der auf Glauben gründet. Statt sich zurückzuziehen, ist die Kirche aufgerufen, sich kritisch, prophetisch und kreativ zu engagieren. Angst muss in Wachsamkeit umgewandelt werden, die, wo nötig, zu sorgfältiger Urteilskraft und ethischem Widerstand führt. Das Zeugnis der Kirche im Zeitalter der künstlichen Intelligenz besteht nicht darin, sich in Angst zu verkriechen, sondern

Hoffnung zu verkörpern und zu zeigen, dass Gottes Reich trotz tiefgreifender technologischer Umbrüche nahe ist.

Auf dem Weg zur Unterscheidung
Ein christlicher Moralrahmen

Eine integre Reaktion auf KI erfordert die Entwicklung von Urteilsvermögen, einer tief in der christlichen Tradition verwurzelten Tugend. Urteilsvermögen erfordert die Aufmerksamkeit auf Gottes Geist, die sorgfältige Bewertung der Umstände und eine von der Heiligen Schrift und der Tradition geprägte moralische Vorstellungskraft. Anstatt nur zu fragen: "Ist KI gut oder schlecht?", fragt Urteilsvermögen: "Wie prägt uns diese Technologie? Wem dient sie? Inwiefern steht sie im Einklang mit Gottes Zielen der Gerechtigkeit, Barmherzigkeit und Versöhnung oder widerspricht sie ihnen?"

In der Praxis erfordert Urteilsvermögen eine Verlangsamung der Reaktionsgeschwindigkeit, um die weitreichenden Folgen der Technologieeinführung klar erkennen zu können. Es erfordert nicht nur die Aufmerksamkeit auf die technischen Möglichkeiten der KI, sondern auch auf ihre kulturellen Narrative, wirtschaftlichen Strukturen und sozialen Auswirkungen. Das bedeutet, dass Kirchen und theologische Seminare Räume schaffen müssen, in denen sich Gemeinschaften mit der theologischen Bedeutung der Technologie auseinandersetzen können. Dabei geht es nicht nur darum, was sie bewirkt, sondern auch darum, welche Menschen sie prägt.

Zur Urteilsfindung gehört auch, den Stimmen derjenigen zuzuhören, die vom technologischen Wandel am stärksten betroffen sind, der Weisheit der christlichen Tradition zuzuhören und in Gebet und Gottesdienst auf die Eingebungen des Heiligen Geistes zu hören. Es ist eher eine gemeinschaftliche Aufgabe als eine individuelle Übung, die in der Praxis der Rechenschaftspflicht verwurzelt und von der gemeinsamen Verpflichtung zum Evangelium geleitet wird. Indem die Kirche Urteilsfindung als gemeinschaftliche Praxis gestaltet, widersetzt sie sich der Tendenz, Entscheidungen an Experten auszulagern oder sich ausschließlich auf technische Bewertungen zu verlassen.

Wichtig ist, dass die Urteilsfindung ein fortlaufender Prozess ist. Mit der Weiterentwicklung der Technologien muss sich auch die moralische Reflexion der Kirche weiterentwickeln. Was gestern harmlos erschien, kann sich morgen als schädlich erweisen, und was einst bedrohlich schien, kann zu einer Gelegenheit für Zeugnis und Dienst werden. Urteilsfindung stattet Führungskräfte nicht mit statischen Antworten aus, sondern mit den notwendigen Denk- und Gebetsgewohnheiten, um sich treu in den sich verändernden Landschaften zurechtzufinden.

Ziel der Urteilsfindung ist nicht nur, Schaden zu vermeiden, sondern das Gute zu erreichen und sich vorzustellen, wie KI so eingesetzt werden könnte, dass sie die Liebe zu Gott und dem Nächsten widerspiegelt. Dies erfordert moralische Kreativität: die Bereitschaft, sich alternative Einsatzmöglichkeiten der Technologie vorzustellen, die die Menschenwürde, das Gemeinwohl und die

Entfaltung der Schöpfung in den Vordergrund stellen. Auf diese Weise wird Urteilsfindung zu einer hoffnungsvollen Praxis, die der Kirche nicht nur in der Kritik, sondern auch im konstruktiven Umgang mit KI-Orientierung bietet.

Gerechtigkeit und die Vorzugsoption für die Schwachen

Die christliche Ethik legt besonderen Wert auf Gottes Sorge um die Armen, Ausgegrenzten und Unterdrückten. Jede theologische Antwort auf KI muss daher fragen, welche Auswirkungen diese Technologien auf die Schwächsten haben. Werden KI-Systeme die wirtschaftliche Ungleichheit verschärfen, indem sie den Reichtum in den Händen weniger konzentrieren, oder können sie genutzt werden, um den Zugang zu Bildung, Gesundheitsversorgung und Chancen zu erweitern? Werden Überwachungs-technologien zum Schutz von Gemeinschaften oder zu ihrer Ausbeutung und Kontrolle eingesetzt?

Die bevorzugte Option für die Schwachen fordert die Kirche auf, KI nicht in erster Linie durch die Brille von Effizienz oder Profitabilität zu betrachten, sondern mit den Augen derjenigen, die am meisten geschädigt oder ausgeschlossen werden könnten. Das bedeutet, zu fragen, wie sich die Automatisierung auf Geringverdiener auswirkt, wie sich prädiktive Polizeiarbeit auf farbige Gemeinschaften auswirkt und wie voreingenommene Algorithmen den Zugang zu Wohnraum, Beschäftigung oder Recht beeinflussen. Es bedeutet auch, die verborgene Arbeit hinter KI anzuerkennen, die oft von unterbezahlten Arbeitern in Entwicklungsländern geleistet wird, die Daten taggen, Inhalte moderieren oder die Mineralien abbauen, die die digitale Infrastruktur antreiben.

Eine von Gerechtigkeit geprägte theologische Antwort beschränkt sich nicht auf Kritik, sondern drängt auf Fürsprache und Fantasie. Die Kirche ist aufgerufen, Politik und Praktiken, die schutzbedürftige Bevölkerungsgruppen ausbeuten, zu hinterfragen und gleichzeitig Technologien zu fördern, die Gleichberechtigung und Inklusion fördern. Beispielsweise könnte KI entwickelt werden, um den Zugang für Menschen mit Behinderungen zu verbessern, Übersetzungstools für Minderheiten-sprachen im Gottesdienst bereitzustellen oder Bildungsressourcen in unterversorgten Kontexten zu verteilen. Diese konstruktiven Möglichkeiten zeigen, dass es bei Gerechtigkeit nicht nur darum geht, Schaden abzuwehren, sondern auch darum, Möglichkeiten zur Entfaltung zu schaffen.

Theologische Ausbildung spielt in diesem Prozess eine entscheidende Rolle. Zukünftige Führungskräfte müssen in der Lage sein, die ethischen Dimensionen von KI zu analysieren und dabei die Armen als bevorzugte Option in den Mittelpunkt ihrer Überlegungen zu stellen. Dies bedeutet, Kurse zu Technologie und Gerechtigkeit zu integrieren, marginalisierte Gemeinschaften einzubeziehen und neben Gebetsgewohnheiten auch die Praxis der Fürsprache zu fördern. Es erfordert die Ausbildung von Führungskräften, die nicht nur Algorithmen verstehen, sondern auch Solidarität mit denen leben, die unter ihrem Missbrauch leiden.

Letztlich verlangt Gerechtigkeit, dass die Kirche KI nicht als neutrales Werkzeug betrachtet, sondern als tiefgreifendes moralisches Terrain. Jede Designentscheidung, jeder Datensatz und jede Einsatzentscheidung haben Konsequenzen für die Menschen, insbesondere für diejenigen, die bereits am Rande der Gesellschaft stehen. Den Schwachen beizustehen bedeutet, an der Seite Christi selbst zu stehen, der sich mit den Geringsten identifizierte. Im Zeitalter der KI bedeutet dies, dass eine gläubige Kirche nicht schweigen kann, sondern eine prophetische Stimme für Gerechtigkeit, Würde und Mitgefühl sein muss.

Demut und die Grenzen menschlicher Kontrolle

KI konfrontiert die Menschheit mit den Grenzen ihrer eigenen Kontrolle. Mit zunehmender Komplexität und Autonomie der Systeme weicht die Illusion der Beherrschung der Realität der Unsicherheit. Für die christliche Theologie ist dies nicht nur ein Problem, sondern eine Erinnerung an eine tiefere Wahrheit: Wir sind keine Götter. Demut wird daher zu einer wesentlichen Tugend im Umgang mit KI. Sie mildert sowohl die Hybris des Techno-Optimismus als auch die Verzweiflung des Fatalismus und verankert unsere moralische Reflexion im Vertrauen auf Gottes Vorsehung.

Demut erinnert uns daran, dass unser Wissen unvollständig und unsere Macht zerbrechlich ist. So ausgefeilt KI-Systeme auch sein mögen, sie bleiben Artefakte menschlicher Entwicklung, geprägt von Einschränkungen, Voreingenommenheit und unbeabsichtigten Folgen. Diese Erkenntnis sollte nicht zu Arroganz gegenüber unseren Schöpfungen führen, sondern zu Dankbarkeit und Vorsicht. Demut erkennt an, dass Technologie zwar die menschlichen Fähigkeiten erweitern, aber weder Gerechtigkeit, Weisheit noch Erlösung garantieren kann. Diese Gaben kommen nur von Gott.

In der Praxis erfordert Demut Offenheit für Kritik und Korrektur. Sie verlangt von uns, der Versuchung zu widerstehen, Gewissheit über die Entwicklung der KI zu behaupten oder anzunehmen, wir könnten jedes Ergebnis vorhersagen und kontrollieren. Stattdessen sind wir aufgerufen, Flexibilität, Wachsamkeit und Verantwortungs-bewusstsein bei der Gestaltung und Nutzung dieser Werkzeuge zu entwickeln. Demut fordert uns auf, zuzugeben, wenn unsere Technologien versagen, Buße zu tun, wenn sie Schaden anrichten, und uns anzupassen, wenn sie der Menschenwürde nicht gerecht werden.

Für die theologische Ausbildung erfordert die Vermittlung von Demut im Umgang mit KI sowohl intellektuelle Bildung als auch spirituelle Praxis. Studierende müssen nicht nur die technischen und ethischen Dimensionen von KI erlernen, sondern auch die spirituellen Disziplinen, die den Menschen in der Abhängigkeit von Gott verankern. Gebet, Beichte und gemeinschaftliche Urteilsbildung helfen, der Illusion von Herrschaft zu widerstehen und Führungskräfte auf Dienst, statt auf Kontrolle auszurichten. Demut wird so nicht nur zu einer Tugend des individuellen Charakters, sondern zu einer gemeinschaftlichen Haltung, die Institutionen und Dienste prägt.

Demut gestaltet auch die Diskussion über Innovation neu. Statt zu fragen, wie schnell wir neue

43

Technologien entwickeln oder einsetzen können, fragt Demut, ob diese Technologien mit Gottes Absichten übereinstimmen und zum Gedeihen der gesamten Schöpfung beitragen. Sie widersetzt sich dem kulturellen Druck, Geschwindigkeit mit Fortschritt gleichzusetzen, und betont stattdessen, dass Treue Geduld, Zurückhaltung und Aufmerksamkeit für die Verletzlichen erfordert. Auf diese Weise wird Demut zu einer Form prophetischen Widerstands gegen die Logik der ständigen Beschleunigung, die viele technologische Entwicklungen antreibt.

Vor allem aber hält Demut unseren Blick auf Gott als Quelle der Weisheit und Erlösung gerichtet. Egal wie fortschrittlich KI wird, sie kann die Rolle der göttlichen Gnade im menschlichen Leben nicht ersetzen. Eine demütige Herangehensweise befreit uns von Angst und Götzendienst und ermöglicht uns, uns kritisch und kreativ mit KI auseinanderzusetzen und gleichzeitig unsere letztendliche Abhängigkeit von dem einen zu erkennen, der alles zusammenhält.

Abschluss
Hoffnungsvoller Zeuge im Zeitalter der KI
Eine christliche moralische Antwort auf KI muss letztlich auf der Hoffnung gründen, die aus Gottes Versprechen einer neuen Schöpfung erwächst. Diese Hoffnung leugnet weder die Risiken der KI noch überhöht sie ihre Versprechen, sondern verortet sie im größeren Kontext von Gottes Erlösungswerk in der Welt. Sie ruft die Kirche dazu auf, KI mit Mut, Kreativität und Mitgefühl zu begegnen und das Evangelium auf eine Weise zu

bezeugen, die Verzweiflung und Götzendienst gleichermaßen widersteht.

Es ist zu hoffen, dass die Zeugen damit beginnen, sowohl die Gaben als auch die Gefahren der KI anzuerkennen. Sie widerstehen der Versuchung, Technologie als Retter oder Feind zu sehen, und betrachten sie stattdessen als komplexe Realität, der man mit Urteilsvermögen begegnen muss. Diese Hoffnung ist kein passiver Optimismus, sondern aktives Vertrauen in Gott fortwährende Gegenwart in der Geschichte. Sie befähigt die Kirche, prophetisch zu handeln, Ausbeutungssysteme herauszufordern und seelsorgerisch zu handeln und Gemeinden durch die Ungewissheiten des technologischen Wandels zu führen.

Die Aufgabe der theologischen Ausbildung besteht darin, Führungskräfte auszubilden, die diese hoffnungsvolle Erkenntnis konkret verkörpern. Sie müssen bereit sein, KI-Tools im Dienst sinnvoll einzusetzen, etwa als Hilfsmittel in Forschung, Verwaltung oder Kommunikation, und gleichzeitig deren Grenzen erkennen. Sie müssen in der Lage sein, die sozialen und wirtschaftlichen Strukturen, die Macht durch Technologie konzentrieren, zu kritisieren und sich Praktiken vorzustellen, die Gerechtigkeit und Barmherzigkeit verkörpern. Vor allem müssen sie ein Zeugnis vorleben, das weder naiv noch zynisch ist, sondern im Evangelium Jesu Christi verwurzelt ist.

Diese Hoffnung ruft die Kirche auch zur Kreativität auf. Anstatt nur auf den technologischen Wandel zu reagieren, sind Glaubensgemeinschaften eingeladen, sich neue Formen der Jüngerschaft, des Gottesdienstes und des Dienstes vorzustellen, die

Gottes Reich in einer von KI geprägten Welt widerspiegeln. Dazu gehört es, Wege zu finden, KI für Inklusion, Barrierefreiheit und Fürsorge zu nutzen und gleichzeitig Widerstand zu leisten, wo Technologien die Menschenwürde oder das Gemeinschaftsleben zu untergraben drohen. Hoffnung eröffnet Raum für Innovation, die nicht auf Zukunftsangst, sondern auf Vertrauen in Gottes Versprechen beruht.

Letztendlich relativiert die christliche Hoffnung sowohl die Versprechen als auch die Bedrohungen der KI. Maschinen mögen denken, aber nur Menschen können lieben; Algorithmen mögen rechnen, aber nur Gott erlöst. Die Aufgabe der Kirche besteht nicht darin, jede neue Technologie zu beherrschen, sondern treue Zeugen Gottes zu bleiben, der für das Leben der Welt Mensch wurde. In diesem Zeugnis bietet die Kirche eine besondere moralische Antwort auf die KI: eine Antwort, die von Urteilsvermögen, Gerechtigkeit, Demut und Hoffnung geprägt ist und verkündet, dass die Zukunft nicht den Maschinen gehört, sondern dem Schöpfer, der alles neu macht.

Kapitel 4
Gerechtigkeit, Macht und Jüngerschaft in der algorithmischen Kultur

Einführung
Die algorithmische Bedingung

Wir leben in einer sogenannten algorithmischen Kultur. Algorithmen steuern unsere Online-Suchen, kuratieren unsere Social-Media-Feeds, empfehlen unsere Kaufentscheidungen und beeinflussen zunehmend Entscheidungen in den Bereichen Beschäftigung, Gesundheitsversorgung, Polizei und Finanzen. Diese Systeme sind alles andere als neutral, sondern verkörpern die Werte, Annahmen und Vorurteile ihrer Schöpfer. Sie agieren innerhalb von Machtstrukturen, die oft die Reichen bevorzugen, ethnische und geschlechtsspezifische Ungleichheiten verstärken und den Einfluss in den Händen weniger Unternehmen konzentrieren. Für die Kirche und die theologische Ausbildung wirft dieser Kontext drängende Fragen auf: Wie sollen Jünger Christi in einer algorithmischen Kultur treu leben? Wie sieht Gerechtigkeit aus, wenn Macht durch Daten und Code vermittelt wird?

Dieses Kapitel untersucht die Schnittstelle zwischen Gerechtigkeit, Macht und Jüngerschaft im Zeitalter der künstlichen Intelligenz. Es argumentiert, dass christliche Gemeinschaften nicht nur die von algorithmischen Systemen fortbestehenden Ungerechtigkeiten kritisieren, sondern auch Praktiken des Widerstands und des Zeugnisses pflegen müssen, die das Reich Gottes im digitalen Raum verkörpern.

Algorithmen und der Mythos der Neutralität
Einer der am weitesten verbreiteten Mythen über Algorithmen ist, dass sie objektiv, unparteiisch und rein rational seien. Algorithmen werden durch die Daten, mit denen sie trainiert werden, und die Zwecke, für die sie entwickelt werden, geprägt. Verzerrte Daten führen zu verzerrten Ergebnissen, sei es bei Einstellungsverfahren, prädiktiver Polizeiarbeit oder der Gesundheitsversorgung. Der Mythos der Neutralität verschleiert, wie Algorithmen bereits vorhandene systemische Ungerechtigkeiten in der Gesellschaft reproduzieren.

Dieser Mythos hält sich hartnäckig, weil Algorithmen oft unsichtbar agieren. Ihre Entscheidungen wirken nahtlos und autoritär, hinter mathematischer Präzision verborgen. Doch die Prozesse dahinter sind alles andere als neutral. Jeder Algorithmus spiegelt menschliche Entscheidungen darüber wider, welche Daten erhoben, wie sie kategorisiert, welche Muster priorisiert und welche Ziele optimiert werden sollen. Diese Entscheidungen beinhalten zwangsläufig kulturelle Annahmen und moralische Urteile. So kann beispielsweise ein Einstellungsalgorithmus, der mit Unternehmens-daten aus der Vergangenheit trainiert wurde, ein Geschlechterungleichgewicht reproduzieren, indem er männliche Kandidaten bevorzugt – nicht etwa, weil der Algorithmus selbst "voreingenommen" wäre, sondern weil er die in der

Unternehmensgeschichte verankerten Vorurteile widerspiegelt.

Aus theologischer Sicht spiegelt der Mythos der Neutralität die uralte Versuchung wider, Götzen zu vertrauen – Objekten, die mächtig und unabhängig erscheinen, in Wirklichkeit aber von Menschenhand geschaffen sind. Algorithmen als neutrale Schiedsrichter der Wahrheit zu behandeln, bedeutet, ihnen eine Autorität zu verleihen, die sie nicht verdienen. Wie Götzen verbergen sie die Realität der Ausbeutung und Ungerechtigkeit, die ihnen zugrunde liegt. Die Aufgabe der Kirche besteht darin, diesen Götzendienst zu entlarven und die Gemeinschaften daran zu erinnern, dass hinter jedem Algorithmus menschliche Akteure stehen, die zur Rechenschaft gezogen werden müssen.

Um den Mythos der Neutralität zu entlarven, ist es auch notwendig, neue Formen der Wissensbildung zu fördern. So wie die Kirche einst Gläubige lehrte, Wahrheit von falscher Prophezeiung zu unterscheiden, muss sie heute ihren Jüngern beibringen, zu erkennen, wie digitale Systeme ihre Wahrnehmung der Welt prägen. Dazu gehört ein kritisches Bewusstsein dafür, wie Social-Media-Feeds bestimmte Stimmen verstärken, wie Suchmaschinen Informationen bewerten und wie Nachrichten durch Algorithmen kuratiert werden. Dieses Urteilsvermögen ist für das christliche Zeugnis in einer Welt unerlässlich, in der Algorithmen bestimmen, was wir sehen, wissen und glauben.

Die theologische Ausbildung trägt hier eine Verantwortung. Seminare müssen Führungskräfte ausbilden, die über die Rhetorik von Effizienz und

Innovation hinausblicken und sie befähigen, tiefere moralische und spirituelle Fragen zu stellen: Wer profitiert von diesem Algorithmus? Wer wird geschädigt? Wessen Stimmen werden verstärkt und wessen zum Schweigen gebracht? Auf diese Weise wird theologische Reflexion zu einer Form des Widerstands gegen den Mythos der Neutralität und besteht darauf, dass Gerechtigkeit, Wahrheit und Menschenwürde (und nicht bloße Computerlogik) den Maßstab für zuverlässige Technologie definieren.

Macht im Zeitalter von Big Data

Die algorithmische Kultur bündelt Macht in beispielloser Weise. Eine Handvoll globaler Konzerne kontrolliert riesige Datenmengen und prägt damit nicht nur das Verbraucherverhalten, sondern auch den politischen Diskurs und die kulturelle Vorstellungskraft. Auch Regierungen verlassen sich zunehmend auf KI, um die Bevölkerung zu überwachen, Ressourcen zu verwalten und Krieg zu führen. Diese Machtkonzentration wirft tiefgreifende ethische Fragen hinsichtlich Überwachung, Autonomie und menschlicher Freiheit auf.

Aus theologischer Sicht spiegeln solche Machtkonzentrationen biblische Warnungen vor Imperien wider. So wie Pharao und Cäsar ihre Macht durch wirtschaftliche und militärische Macht ausübten, so dehnen auch die heutigen digitalen Imperien ihre Herrschaft durch Daten und Codes aus. Die Reichweite dieser Systeme scheint oft grenzenlos und bestimmt, welche Geschichten erzählt werden, wessen Stimmen Gehör finden und wie die Wahrheit im öffentlichen Leben angefochten wird. Macht, die einst über physische Grenzen und Armeen ausgeübt wurde, wird heute über digitale Infrastrukturen ausgeübt, die in Häuser, Gemeinden und sogar in die Gedankenwelt eindringen.

Theologische Überlegungen erinnern uns daran, dass Macht niemals neutral ist. Wenn Unternehmen entscheiden, welche Daten sie sammeln und wie sie diese monetarisieren, üben sie Macht über die Identität, Entscheidungen und Beziehungen von Milliarden von Menschen aus. Wenn Regierungen im Namen der Sicherheit Überwachungstechnologien einsetzen, prägen sie die Freiheiten und Verletzlichkeiten ihrer Bürger. In beiden Fällen haben diejenigen, die über Daten verfügen, einen unverhältnismäßig großen Einfluss auf das gesellschaftliche Leben und schaffen Dynamiken der Ungleichheit und Kontrolle, die an die Herrschaft antiker Imperien erinnern.

Für Christen ist die Gefahr nicht nur äußerlicher, sondern auch spiritueller Natur. Die subtile Macht datengesteuerter Systeme kann unsere Wünsche, Gewohnheiten und Vorstellungen so prägen, dass wir uns von Gott abwenden und uns Konsum, Ablenkung oder Konformität zuwenden. Die Macht der Algorithmen formt Menschen, indem sie sie zu bestimmten Käufen, politischen Positionen oder kulturellen Werten drängt. Ohne kritisches Bewusstsein können Jünger unwissentlich von Algorithmen statt von Christus geleitet werden.

Die Kirche hat also eine zweifache Aufgabe: Erstens muss sie die Machtausübung digitaler Imperien aufdecken und sie durch Lobbyarbeit, ethische Kritik und öffentliches Zeugnis zur

Verantwortung ziehen. Zweitens muss sie eine alternative Form der Macht vorleben: die Macht des Dienstes, der Demut und der selbstlosen Liebe. So wie Jesus durch das Kreuz Macht neu definierte, muss die Kirche Praktiken verkörpern, die sich gegen Herrschaft wehren und die Menschenwürde bekräftigen. Dazu gehört die Förderung von Transparenz im eigenen Umgang mit Daten, das Eintreten für Richtlinien zum Schutz der Privatsphäre und der Aufbau von Gemeinschaften, die Präsenz und Beziehungen über Kontrolle und Effizienz stellen.

Die theologische Ausbildung spielt dabei eine zentrale Rolle. Zukünftige Führungskräfte müssen darauf vorbereitet sein, sich in einem Umfeld zurechtzufinden, in dem Macht zunehmend datengetrieben ist. Dazu gehört, sie mit Werkzeugen der kritischen Analyse auszustatten, sie aber auch in biblischen und theologischen Visionen von Macht als Verantwortung statt als Herrschaft zu verankern. Auf diese Weise kann die theologische Ausbildung Führungskräfte heranbilden, die digitalen Imperien widerstehen und gleichzeitig die befreiende Kraft des Evangeliums bezeugen können.

Gerechtigkeit, Voreingenommenheit und die bevorzugte Option für Marginalisierte

Die Ungerechtigkeiten der algorithmischen Kultur sind ungleich verteilt. Gemeinschaften, die bereits am Rande der Gesellschaft stehen, erleiden oft den größten Schaden: Racial Profiling im Rahmen der prädiktiven Polizeiarbeit, Kreditverweigerung aufgrund voreingenommener Kreditalgorithmen, Ausschluss von der digitalen Wirtschaft aufgrund fehlenden Zugangs. Eine christliche Antwort muss daher die Erfahrungen der Marginalisierten in den Vordergrund stellen. Dies steht im Einklang mit dem biblischen Zeugnis von Gott vorrangiger Sorge um die Armen, Unterdrückten und Ausgestoßenen.

Algorithmische Verzerrungen spiegeln oft gesellschaftliche Vorurteile wider, allerdings mit verstärkten und beschleunigten Effekten. Wenn Datensätze historische Diskriminierung widerspiegeln, reproduzieren darauf trainierte Algorithmen diese Ungerechtigkeiten in großem Maßstab. Dies kann dazu führen, dass farbige Gemeinschaften unverhältnismäßiger Überwachung ausgesetzt sind, Frauen bei Einstellungsalgorithmen diskriminiert werden oder nicht-westliche Kulturen in automatisierten Übersetzungssystemen falsch dargestellt werden. Was als effiziente oder objektive Entscheidungsfindung erscheint, ist oft die Mechanisierung von Ungleichheit.

Theologische Überlegungen bekräftigen, dass Gerechtigkeit mehr erfordert als technische Lösungen für voreingenommene Systeme. Voreingenommenheit lässt sich nicht einfach durch die Verfeinerung von Datensätzen oder die Optimierung von Codes beseitigen, da diese Technologien in größere wirtschaftliche und politische Strukturen eingebettet sind, die Ausgrenzung aufrechterhalten. Eine integre Reaktion erfordert systemische Kritik und strukturelle Reformen. Christen sind aufgerufen, solidarisch mit denen zu sein, die die Hauptlast algorithmischer Ungerechtigkeit tragen, ihre Geschichten anzuhören, ihre Stimmen zu verstärken und sich für eine Politik einzusetzen, die ihre Rechte und ihre Würde schützt.

Gleichzeitig lädt die bevorzugte Behandlung der Schwachen die Kirche dazu ein, sich alternative Möglichkeiten vorzustellen. Künstliche Intelligenz kann für erlösende Zwecke genutzt werden, wenn sie im Sinne der Gerechtigkeit konzipiert wird. Sie kann dazu beitragen, medizinische Diagnostik in unterversorgten Regionen bereitzustellen, zugängliche Lernressourcen für marginalisierte Gemeinschaften zu schaffen oder liturgische und biblische Texte in indigene Sprachen zu übersetzen, die von globalen Institutionen lange ignoriert wurden. Gerechtigkeit bedeutet in diesem Sinne nicht nur, Schaden abzuwehren, sondern auch das Wohlergehen derjenigen zu fördern, die am häufigsten übersehen werden.

Die theologische Ausbildung muss diese gerechtigkeitsorientierte Perspektive in die Ausbildung von Führungskräften integrieren. Zukünftige Pfarrer, Lehrer und Wissenschaftler müssen darin geschult werden, algorithmische Systeme nicht nur auf ihre Funktionalität, sondern auch auf ihre Auswirkungen auf die Ärmsten zu hinterfragen. Sie müssen mit Werkzeugen ausgestattet werden, um sich für eine ethische Technologieverwaltung einzusetzen, mit Basisorganisationen zusammenzuarbeiten, die sich gegen digitale Ausbeutung wehren, und theologische Visionen zu entwickeln, die Gottes Sorge um die Unterdrückten im digitalen Kontext in den Mittelpunkt stellen. Auf diese Weise verkörpern sie Christi Ruf, Gerechtigkeit zu suchen,

Barmherzigkeit zu lieben und demütig mit Gott zu leben.

Jüngerschaft im digitalen Raum

Während Gerechtigkeit und Macht die äußere Landschaft der algorithmischen Kultur bestimmen, bestimmt Jüngerschaft die innere Haltung der Kirche in ihr. Jüngerschaft im digitalen Zeitalter bedeutet, Christus in Kontexten zu folgen, die von ständiger Konnektivität, kuratierten Informationen und kommerzialisierter Aufmerksamkeit geprägt sind. Dies erfordert bewusste Praktiken, die sich der durch Algorithmen aufgezwungenen Formung widersetzen: die Einhaltung der Sabbatruhe, gemeinschaftliche Urteilskraft und verkörperte Präsenz.

Die digitale Kultur prägt zutiefst. Social-Media-Feeds prägen Wünsche, Vergleichsgewohnheiten und Aufmerksamkeitsrhythmen. Der Online-Handel erzieht Menschen dazu, sofortige Befriedigung zu erwarten. Streaming-Plattformen konditionieren Gemeinschaften zu endlosem Konsum statt zu tiefer Reflexion. All diese Kräfte üben subtilen, aber starken Druck auf das Selbst- und Fremdverständnis des Einzelnen aus. Ohne bewussten Widerstand laufen Jünger Gefahr, sich den Mustern der digitalen Kultur anzupassen, anstatt sich durch die Erneuerung ihres Geistes in Christus zu verändern.

Jüngerschaft muss in diesem Kontext sowohl Kritik als auch konstruktive Praxis beinhalten. Kritik bedeutet, zu benennen, wie algorithmische Systeme Vorstellungskraft und Verhalten in einer Weise prägen, die dem Evangelium widerspricht.

Konstruktive Praxis bedeutet, Lebensrhythmen zu pflegen, die Raum für Gottes Gegenwart schaffen. Dazu gehören beispielsweise digitales Fasten als Form des Sabbats, die bewusste Pflege von Stille und Gebet im Kontrast zum Lärm des Online-Lebens oder Gemeindebündnisse, die körperliche Zusammenkunft gegenüber virtueller Bequemlichkeit priorisieren. Solche Praktiken erinnern die Kirche daran, dass ihre letztendliche Identität nicht von Algorithmen bestimmt, sondern von Christus gegeben wird.

Die theologische Ausbildung spielt eine wichtige Rolle bei der Gestaltung dieser Jüngerschaftspraktiken. Seminare können Medienkompetenz in die Ausbildung integrieren und den Studierenden helfen zu analysieren, wie Plattformen Aufmerksamkeit und Gemeinschaft prägen. Sie können Experimente in der digitalen Liturgie fördern, die Technologie nutzen, ohne von ihr dominiert zu werden. Sie können auch gesunde Grenzen vorleben, indem sie der ständigen Beschleunigung der Produktivität, die die Technologie verspricht, widerstehen. Ziel ist es dabei, Führungskräfte auszubilden, die nicht nur kompetente Nutzer der Technologie sind, sondern auch treue Zeugen darin.

Wichtig ist, dass Jüngerschaft im digitalen Raum nicht Rückzug bedeutet. Die frühe Kirche floh nicht aus den Städten des Reiches, sondern legte in ihnen Zeugnis ab und schuf alternative Gemeinschaften der Gnade und Gerechtigkeit. Ebenso ist die Kirche heute aufgerufen, die digitale Kultur treu zu leben und sich mit Weisheit, Mut und Liebe in Online-Räumen zu engagieren. Das bedeutet, im Online-Dialog Freundlichkeit zu praktizieren, der Verbreitung von Fehlinformationen entgegenzuwirken und Gemeinschaften zu pflegen, die Authentizität über Leistung stellen. Indem sie solche Praktiken verkörpern, bieten Jünger ein gegenkulturelles Zeugnis, das Algorithmen nicht vorgeben können.

Jüngerschaft im digitalen Raum bedeutet letztlich, sich nicht der Logik von Daten und Codes, sondern dem Bild Christi anzupassen. Es ist eine lebenslange Reise der Aufmerksamkeit, des Urteilsvermögens und der gemeinsamen Treue. In einer Kultur, die ständig um Aufmerksamkeit buhlt, bezeugen Jünger eine andere Treue: Ihre Aufmerksamkeit gilt in erster Linie Gott, dessen Geist sie weiterhin in Liebe formt.

Die prophetische Rolle der Kirche

In der gesamten Heiligen Schrift riefen Propheten Gottes Volk dazu auf, Ungerechtigkeit zu bekämpfen, korrupte Macht herauszufordern und sich eine andere Zukunft vorzustellen. Im Zeitalter der künstlichen Intelligenz ist die Kirche zu einer ähnlichen prophetischen Berufung berufen. Dazu gehört, die in der technologischen Kultur vorherrschenden Götzenbilder von Effizienz, Produktivität und Kontrolle zu entlarven und stattdessen eine Vision von Gerechtigkeit, Barmherzigkeit und Demut vor Gott zu verkünden.

Die prophetische Rolle beschränkt sich nicht auf kritische Worte, sondern erstreckt sich auch auf konkretes Zeugnisgeben. Die Kirche kann sich der Mitschuld an algorithmischer Ungerechtigkeit widersetzen, indem sie Transparenz im Umgang mit

Technologie praktiziert und sicherstellt, dass ihre Kommunikations- und Datenpraktiken die Würde derer wahren, denen sie dient. Sie kann sich öffentlich für ethische Standards, Datenschutz und faire Arbeitspraktiken in der Technologiebranche einsetzen. Sie kann mit Basisorganisationen und marginalisierten Gemeinschaften zusammenarbeiten, die am stärksten von technologischer Ausbeutung betroffen sind, ihnen Gehör verschaffen und sich ihrem Kampf anschließen.

Prophetie beinhaltet auch Vorstellungskraft. Die Propheten Israels prangerten nicht nur Korruption an, sondern entwarfen auch eine Zukunft, die von Gottes Gerechtigkeit und Frieden geprägt sein würde. Ebenso muss die Kirche alternative Praktiken fördern, die das Reich Gottes in der digitalen Kultur verkörpern. Dies könnte bedeuten, Online-Räume zu schaffen, die echten Dialog statt Spaltung fördern, Bildungsressourcen zu entwickeln, die Gemeinschaften widerstandsfähiger gegen Manipulation machen, oder Ökonomien des Teilens, statt der Ausbeutung zu modellieren. Auf diese Weise bietet die Kirche Einblicke in eine Welt, in der Technologie dem menschlichen Gedeihen statt der Herrschaft dient.

Die prophetische Aufgabe wird durch Anbetung und Gebet getragen. Prophetische Kritik läuft Gefahr, schrill oder verzweifelt zu werden, wenn sie nicht in der Hoffnung auf Gottes Herrschaft verwurzelt ist. Indem die Kirche ihr Zeugnis im Gottesdienst begründet, erinnert sie sich und die Welt daran, dass die höchste Macht nicht bei Unternehmen, Regierungen oder Algorithmen liegt, sondern beim Schöpfer, der alles ins Leben ruft. Der

Gottesdienst formt die Vorstellungskraft der Kirche, sodass ihre prophetische Stimme nicht bloß reaktionär, sondern zutiefst hoffnungsvoll ist und Zeugnis ablegt von dem Gott, der alles neu macht.

Für die theologische Ausbildung bedeutet die Vorbereitung von Führungskräften auf diese prophetische Berufung, sie mit Werkzeugen der Kulturanalyse, ethischen Argumentation und pastoralem Mut auszustatten. Studierende müssen lernen, die Zeichen der Zeit zu erkennen, die Wahrheit mit Mitgefühl auszusprechen und durch Gerechtigkeit und Solidarität Widerstand zu leisten. Auf diese Weise wird die prophetische Rolle der Kirche nicht zu einem abstrakten Ideal, sondern zu einer gelebten Realität, die in Klassenzimmer, Gemeinden und digitale Räume gleichermaßen getragen wird.

Abschluss
Auf dem Weg zu einer Theologie der Gerechtigkeit in der algorithmischen Kultur

Die algorithmische Kultur konfrontiert die Kirche mit dringenden Fragen nach Gerechtigkeit, Macht und Jüngerschaft. Sie entlarvt den Mythos der Neutralität, offenbart die Gefahren konzentrierter Macht und verdeutlicht die unverhältnismäßige Belastung der Schwachen. Gleichzeitig bietet sie der Kirche aber auch die Möglichkeit, auf neue Weise Zeugnis abzulegen, Gerechtigkeit zu verkörpern, Götzendienst zu widerstehen und Jüngerinnen und Jünger zu formen, die zu treuem Engagement im digitalen Raum fähig sind.

Eine Theologie der Gerechtigkeit in der algorithmischen Kultur muss daher sowohl kritisch als auch konstruktiv sein. Sie muss kritisch aufdecken, wie Algorithmen systemische Ungleichheit aufrechterhalten und Macht auf eine Weise konzentrieren, die an imperiale Herrschaft erinnert und den Ausgegrenzten schadet. Sie muss darauf bestehen, dass hinter jeder Codezeile menschliche Entscheidungen stehen, für die man Rechenschaft ablegen kann und muss. Sie muss auch konstruktiv sein und eine Vision davon bieten, wie Technologie am Gemeinwohl ausgerichtet werden kann. Gerechtigkeit wird nicht dadurch erreicht, dass man die digitale Kultur aufgibt, sondern indem man sie neu konzipiert und umgestaltet, sodass die Menschenwürde gewahrt und Gottes vorrangige Sorge um die Unterdrückten zum Ausdruck kommt.

Für die theologische Ausbildung bedeutet dies, zukünftige Führungskräfte zu befähigen, sich mutig und kreativ in der algorithmischen Kultur zurechtzufinden. Führungskräfte müssen in der Lage sein, die sozialen und spirituellen Folgen von KI zu hinterfragen, sich für eine Politik einzusetzen, die die Schwachen schützt, und alternative Praktiken vorzuleben, die sich der Herrschaft widersetzen und Solidarität verkörpern. Sie müssen lernen, Analyse und Handeln, Kritik und Hoffnung zusammenzubringen und sich dabei stets die biblische Vision von Gerechtigkeit als richtige Beziehung zu Gott, dem Nächsten und der Schöpfung vor Augen zu halten.

Das Zeugnis der Kirche in der algorithmischen Kultur besteht nicht nur darin, was sie ablehnt, sondern auch darin, was sie verkörpert. Indem sie Transparenz praktiziert, authentische Gemeinschaft pflegt und sich der

Kommerzialisierung von Aufmerksamkeit widersetzt, kann die Kirche ein anderes Leben in der digitalen Welt gestalten. Indem sie sich für Gerechtigkeit einsetzt, die Schwachen schützt und marginalisierten Stimmen Gehör verschafft, kann sie Gottes Gerechtigkeit hier und jetzt verwirklichen. Auf diese Weise verkündet die Kirche, dass ihre höchste Loyalität nicht Daten, Algorithmen oder digitalen Imperien gilt, sondern dem Gott der Gerechtigkeit, der die gesamte Schöpfung in Freiheit und Wohlstand ruft.

Letztlich gründet die Theologie der Gerechtigkeit in der algorithmischen Kultur auf Hoffnung. Sie vertraut darauf, dass Gottes Geist auch in der Komplexität des digitalen Lebens wirkt und die Kirche zu treuem Zeugnis führt. Sie verkündet, dass Gerechtigkeit nicht die Errungenschaft menschlicher Innovation ist, sondern das Geschenk der Herrschaft Gottes, die in die Welt hereinbricht. Und sie verpflichtet die Kirche, als Gemeinschaft von Jüngern zu leben, die es wagen, sich selbst im Schatten von Algorithmen und Imperien die Freiheit des Reiches Gottes vorzustellen und zu verkörpern.

Kapitel 5
Erkennen von Handlungsfähigkeit und Verantwortung in Mensch-KI-Beziehungen

Einführung
Wer handelt, wer entscheidet?

Mit der zunehmenden Einbindung künstlicher Intelligenz in Entscheidungsprozesse rücken Fragen nach Handlungsfähigkeit und Verantwortung in den Vordergrund. Wer trägt die Verantwortung, wenn ein KI-System einen Patienten falsch diagnostiziert, einen Kredit unfair bewilligt oder voreingenommene Kontrollstrategien empfiehlt? Liegt die Schuld beim Entwickler, beim Nutzer, bei der Institution, die das System einsetzt, oder beim Algorithmus selbst? Die Komplexität dieser Fragen erfordert theologisches Engagement, da sie tiefgreifende Fragen der menschlichen Freiheit, der moralischen Verantwortlichkeit und der Bedeutung von Handlungsfähigkeit berühren.

Dieses Kapitel untersucht, wie uns die christliche Theologie helfen kann, Handlungsfähigkeit und Verantwortung in einer Welt zu erkennen, in der menschliche und künstliche Akteure eng miteinander verflochten sind. Indem wir das Wesen der Handlungsfähigkeit, das Problem der Verantwortungslücken und die theologischen Ressourcen zur Formulierung von Verantwortlichkeit untersuchen, können wir beginnen, eine angemessene Antwort auf die moralischen Herausforderungen der KI zu finden.

Die Natur der Agentur
Mensch und Künstlich

Handlungsfähigkeit wird traditionell als die Fähigkeit verstanden, zielgerichtet und von Vernunft und Willen geleitet zu handeln. Der Mensch, geschaffen nach dem Bild Gottes, übt Handlungsfähigkeit nicht nur durch rationales Kalkül aus, sondern auch durch moralische Überlegung, beziehungsmäßige Verantwortung und spirituelle Berufung. Menschliche Handlungsfähigkeit ist geprägt von Freiheit, Verantwortung und der Möglichkeit von Sünde und Gnade. Sie lässt sich nicht auf funktionale Ergebnisse reduzieren, sondern orientiert sich an der Liebe zu Gott und dem Nächsten, eingebettet in Geschichte, Kultur und Gemeinschaft.

KI-Systeme hingegen arbeiten mit statistischer Inferenz, Mustererkennung und programmierten Zielen. Sie können Entscheidungen simulieren, verfügen aber nicht über Intentionalität, Selbstbewusstsein oder moralische Bedenken. Ein Algorithmus mag zwar "entscheiden", welche Werbung gezeigt oder welche medizinische Behandlung empfohlen wird, doch basieren solche Entscheidungen eher auf Wahrscheinlichkeitsmodellen als auf echtem Verständnis. KI empfindet weder Verlangen noch Gewissen oder Transzendenz. Sie kann im theologischen Sinne nicht zur Rechenschaft gezogen werden, da sie keine Person ist; sie hat keine Seele, keine Beziehungstiefe, keine Fähigkeit zur Bündnisbildung.

Diese Unterscheidung ist für die Theologie von großer Bedeutung. KI im gleichen Sinne wie Menschen Handlungsfähigkeit zuzuschreiben, birgt die Gefahr, Simulation mit Persönlichkeit zu verwechseln. Die Gefahr liegt in der Vermenschlichung von Maschinen, der Übertragung menschlicher Eigenschaften auf sie und der damit verbundenen Verschleierung der einzigartigen Würde des Menschen. Wenn wir Algorithmen als Akteure mit eigenem Willen behandeln, laufen wir Gefahr, ihre Autonomie zu überschätzen und unsere eigene Verantwortung zu unterschätzen.

Gleichzeitig prägt KI zunehmend die Bedingungen menschlichen Handelns. Eine Navigations-App leitet Autofahrer, ein Algorithmus kuratiert Newsfeeds und ein Vorhersagemodell steuert die Urteilsfindung. Menschliches Handeln wird in solchen Fällen durch technologische Vermittlung ausgeübt. Entscheidungen werden zwar immer noch von Menschen getroffen, aber sie werden durch algorithmische Ergebnisse gerahmt, beeinflusst oder eingeschränkt. Diese Verflechtung erschwert unser Verständnis von Verantwortung, da KI als mächtiger Vermittler menschlicher Entscheidungen fungiert.

Theologisch gesehen könnten wir KI weniger als Akteur, sondern vielmehr als Werkzeug verstehen, das menschliches Handeln im Guten wie im Schlechten verstärkt. So wie ein Schwert die menschliche Kraft zum Schaden und ein Pflug die menschliche Kraft zum Bebauen verstärkt, verstärkt KI die menschliche Kraft zum Entscheiden,

Vorhersagen und Beeinflussen. Ihre Wirkung hängt von den Absichten und Strukturen derer ab, die sie entwickeln und einsetzen. Dieser Ansatz behält die menschliche Verantwortung im Fokus und erkennt gleichzeitig die tiefgreifenden Veränderungen an, die KI im moralischen Handeln mit sich bringt.

Verantwortungslücken und moralische Verantwortlichkeit

Eine der drängendsten ethischen Herausforderungen im KI-Diskurs ist das Problem der "Verantwortungslücken". Wenn ein KI-System unerwartet oder schädlich reagiert, kann es schwierig sein, Schuldige zuzuweisen. Entwickler behaupten möglicherweise, sie hätten die Folgen nicht vorhergesehen, Nutzer bestehen darauf, lediglich Empfehlungen befolgt zu haben, und Institutionen argumentieren, sie hätten sich auf technisches Fachwissen verlassen. Das Ergebnis ist eine Diffusion der Verantwortlichkeit, die Opfern keine Möglichkeit zur Regressnahme und Tätern keine Verantwortung lässt.

Theologisch betrachtet spiegelt diese Verteilung der Verantwortung die uralte menschliche Tendenz wider, sich der Verantwortung zu entziehen. Von Adam und Evas Schuldzuweisung im Garten bis hin zu Pilatus' Händewaschen vor der Kreuzigung zeigt die Heilige Schrift, wie Menschen Schuld auf andere abwälzen. KI bringt neue Komplexitäten mit sich, doch die theologische Erkenntnis bleibt bestehen, dass Verantwortung nicht auf Maschinen übertragen werden kann. Der Mensch als moralisches Wesen bleibt verantwortlich für die Werkzeuge, die er schafft und einsetzt.

Verantwortungslücken sind besonders gefährlich, weil sie das Vertrauen untergraben. Wenn Gemeinschaften im Schadensfall nicht die Verantwortlichen identifizieren können, werden Gerechtigkeit und Versöhnung untergraben. Opfer algorithmischer Schäden, denen beispielsweise Wohnraum verweigert wird, die zu Unrecht von der Polizei ins Visier genommen werden oder die von medizinischer KI falsch diagnostiziert werden, geraten möglicherweise in ein Netz aus Ausreden, in dem niemand Verantwortung übernimmt. Theologisch gesehen widerspricht eine solche Abkehr von der Verantwortung Gottes Ruf nach Wahrheit, Bekenntnis und Buße.

Die christliche Ethik betont, dass Verantwortung relational ist. Wir tragen nicht nur Verantwortung für unser direktes Handeln, sondern auch für die Auswirkungen unserer Entscheidungen auf andere. Das bedeutet, dass die Verantwortung für KI auf mehreren Ebenen verteilt werden muss: Entwickler müssen die vorhersehbaren Folgen ihrer Systeme berücksichtigen, Institutionen die Gerechtigkeit ihres Einsatzes bewerten und Nutzer kritisch beurteilen, wie sie algorithmischen Empfehlungen folgen. Verantwortung zu leugnen oder zu verteilen bedeutet, die Bündnisse zu verraten, die Menschen vor Gott miteinander verbinden.

Darüber hinaus offenbaren Verantwortungslücken oft strukturelle Ungerechtigkeiten. Große Unternehmen beanspruchen durch komplexe Lieferketten Immunität, während einzelne Ingenieure durch die Prioritäten der Konzerne unter Druck gesetzt werden. Nutzer, denen es an

Fachwissen mangelt, beugen sich möglicherweise blind den Ergebnissen der KI, während Regierungen sich mit der Regulierung der sich rasch entwickelnden Technologien schwertun. In diesem Umfeld besteht die Gefahr, dass Verantwortung in der bürokratischen Komplexität verloren geht. Die Rolle der Kirche besteht darin, darauf zu bestehen, dass Verantwortung sowohl persönlich als auch gemeinschaftlich bleibt und dass Strukturen so gestaltet werden müssen, dass die Schwachen geschützt und die Mächtigen zur Rechenschaft gezogen werden.

In der Praxis kann dies bedeuten, sich für klarere Rechenschaftsrahmen in Recht und Politik einzusetzen und sicherzustellen, dass die Verantwortung für Schäden nicht durch den Verweis auf Komplexität umgangen werden kann. Es kann auch bedeuten, eine Kultur der Transparenz in Institutionen zu fördern, in der die ethischen Auswirkungen des KI-Einsatzes offen diskutiert und bewertet werden. Für Christen bedeutet dies, Praktiken der Beichte, Reue und Versöhnung zu verkörpern und einen Umgang mit Schaden vorzuleben, der nicht auf Schuldvermeidung setzt, sondern Wiedergutmachung anstrebt.

Sünde, Macht und technologische Vermittlung

KI-Systeme sind keine neutralen Instrumente. Sie verkörpern die Werte, Annahmen und Grenzen ihrer Schöpfer. Wenn sie Vorurteile aufrechterhalten, Ungleichheit verstärken oder Überwachung ermöglichen, spiegeln sie die durch Technologie vermittelte menschliche Sünde wider. Diese Erkenntnis widersteht der Versuchung, KI als unabhängigen moralischen Akteur zu betrachten, und verortet die Verantwortung stattdessen in menschlichen Gemeinschaften und Machtsystemen.

Die Lehre von der Sünde hilft uns zu erkennen, dass technologischer Schaden nicht zufällig entsteht, sondern oft in unserem ungeordneten Verlangen nach Profit statt Gerechtigkeit, nach Effizienz statt Mitgefühl und nach Kontrolle statt Demut wurzelt. KI verstärkt diese Tendenzen, indem sie sie skalierbar und weniger sichtbar macht. Eine voreingenommene Einstellungs-praxis, die einst in einem einzigen Büro stattfand, kann heute durch algorithmische Filter auf Tausende von Bewerbungen übertragen werden. In diesem Sinne kann KI als Multiplikator menschlicher Sünden betrachtet werden, der Ungerechtigkeiten vergrößert und gleichzeitig menschliche Schuld hinter der Fassade der Objektivität verbirgt.

Sünde wirkt auch strukturell, nicht nur individuell. So wie die Heilige Schrift ungerechte Herrscher und ausbeuterische Systeme verurteilt, muss sich auch die Kirche mit den systemischen Ungerechtigkeiten auseinandersetzen, die in der KI stecken. Diese Systeme werden oft in wirtschaftlichen Rahmenbedingungen entwickelt, die Geschwindigkeit, Dominanz und Marktanteile belohnen und wenig Raum für ethische Reflexion lassen. Sie werden in politischen Kontexten eingesetzt, in denen Sicherheit und Kontrolle im Vordergrund stehen – oft auf Kosten der Schwachen. Solche Muster spiegeln die biblische Kritik an Imperien wider, wo sich kollektive Sünde in unterdrückerischen Institutionen manifestiert.

Gleichzeitig betont die theologische Reflexion, dass die technologische Vermittlung von Sünde menschliche Akteure nicht von ihrer Verantwortung entbindet. Es ist verlockend zu behaupten, Algorithmen hätten voreingenommene Entscheidungen "getroffen" oder Systeme hätten "unabsichtlich" Schaden verursacht. Doch die christliche Theologie widersetzt sich diesen Ausflüchten. Sünde ist nicht einfach ein Rechenfehler, sondern eine Verzerrung der Beziehung zu Gott und dem Nächsten. Wenn Technologie Ungerechtigkeit vermittelt, geschieht dies, weil Menschen sie geplant, umgesetzt oder toleriert haben. Sich der Sünde in der KI zu stellen, bedeutet, sich den menschlichen Entscheidungen und Strukturen zu stellen, die Ungerechtigkeit fortbestehen lassen.

Der Kirche kommt eine besondere Rolle bei der Benennung dieser Realitäten zu. Indem sie KI als Medium identifiziert, durch das Sünde wirkt, deckt sie sowohl die persönlichen als auch die strukturellen Dimensionen technologischer Ungerechtigkeit auf. Sie ruft Einzelne zur Buße, Institutionen zu Reformen und Gesellschaften zur Verantwortung auf. Sie erinnert uns auch daran, dass die Sünde nicht das letzte Wort hat. Gnade, Versöhnung und Erneuerung bleiben auch im digitalen Zeitalter möglich. Diese Überzeugung befähigt Christen, dem Machtmissbrauch in der KI ohne Verzweiflung entgegenzutreten, im Vertrauen darauf, dass Gottes Erlösungswerk selbst die kaputten Werkzeuge menschlicher Erfindung verwandeln kann.

Auf dem Weg zu einer Theologie der Verantwortung in der KI

Die christliche Theologie bietet Möglichkeiten, Verantwortung so zu formulieren, dass sie sowohl Verzicht als auch Überforderung widersteht. Erstens begründet das *Bild Gottes* die menschliche Verantwortung in unserer einzigartigen Berufung als Hüter der Schöpfung. Wir sind aufgerufen, Herrschaft nicht als Herrschaft, sondern als Fürsorge auszuüben und sicherzustellen, dass die Technologie dem Gedeihen der gesamten Schöpfung dient. Dies erinnert uns daran, dass unsere Fähigkeit, KI zu erfinden und einzusetzen, nicht moralisch neutral ist, sondern ein heiliges Vertrauen, das mit Demut und Wachsamkeit ausgeübt werden muss.

Zweitens betont die Lehre des Bundes die relationale Verantwortung. So wie Israel durch den Bund mit Gott und seinen Nächsten verbunden war, so sind auch die Menschen bei der Entwicklung und dem Einsatz von KI miteinander verbunden. Jede algorithmische Entscheidung hat relationale Konsequenzen: Sie betrifft die Mitarbeiter, die die Daten trainieren, die Nutzer, die auf die Ergebnisse angewiesen sind, und die Gemeinschaften, die durch ihre Implementierung geprägt werden. Der Bund erinnert uns daran, dass Verantwortung keine abstrakte rechtliche Belastung ist, sondern ein moralisches und spirituelles Band, das uns mit dem Wohlergehen anderer verbindet.

Drittens offenbart das Kreuz Christi die Radikalität der Verantwortung, die Kosten der Sünde zu tragen, die nicht die eigenen sind. Dieses Opfermodell fordert Christen dazu auf, Verantwortung nicht nur für direktes Handeln,

71

sondern auch für die Mitschuld an ungerechten Systemen zu übernehmen. In einer KI-gesteuerten Welt kann dies bedeuten, unsere Beteiligung an Konsumökonomien anzuerkennen, die Arbeitskräfte ausbeuten, oder unsere Abhängigkeit von Plattformen, die Fehlinformationen und Spaltung aufrechterhalten. Verantwortung zu übernehmen, bedeutet kostspielige Solidarität, uns mit denen zu verbünden, die unter technologischem Schaden leiden, und uns für deren Wiederherstellung einzusetzen.

Zusammengenommen stellen diese theologischen Quellen sowohl die Abkehr von der Verantwortung an Maschinen als auch die Schuldzuweisung an einzelne Menschen in Frage. Sie lehnen das Narrativ ab, dass "niemand verantwortlich" sei, wenn Schaden entsteht, und widerstehen zugleich der Versuchung, die Schuld einem einzelnen Akteur zuzuschieben, wenn systemische Kräfte am Werk sind. Stattdessen laden sie uns ein, Verantwortung als eine gemeinsame Berufung zu begreifen, die in der Liebe zu Gott und dem Nächsten wurzelt und sowohl individuelle Integrität als auch kollektive Verantwortung erfordert.

Eine solche Theologie der Verantwortung birgt auch eine hoffnungsvolle Dimension. Sie versichert uns, dass menschliche Verantwortung nicht allein getragen werden darf, sondern von Gottes Gnade und der Kraft des Heiligen Geistes getragen wird. Verantwortung ist nicht bloß eine Last, sondern eine Berufung, gerecht zu handeln, die Wahrheit zu sagen, Schaden wiedergutzumachen und Systeme aufzubauen, die die Gerechtigkeit und

Barmherzigkeit von Gottes Reich widerspiegeln. In diesem Sinne wird Verantwortung zu einem Geschenk: die Möglichkeit, an Gott versöhnendem Werk teilzuhaben, selbst auf dem umstrittenen Terrain der KI.

Implikationen für die theologische Ausbildung

Für theologische Seminare und Institutionen haben diese Erkenntnisse praktische Auswirkungen. Studierende, die sich auf den Dienst vorbereiten, müssen für pastorale Situationen gerüstet sein, in denen KI menschliches Handeln und moralisches Urteilsvermögen prägt. Sie müssen lernen, kritische Fragen zu Handlungsfähigkeit und Verantwortlichkeit zu stellen, Verantwortungslücken anhand theologischer Kategorien zu interpretieren und eine auf Gerechtigkeit und Mitgefühl basierende Beratung anzubieten.

Die theologische Ausbildung kann darauf reagieren, indem sie Kurse integriert, die sich explizit mit Technologie und Ethik auseinandersetzen und Verbindungen zwischen traditionellen Lehren und aktuellen Herausforderungen herstellen. Fallstudien zu KI im Gesundheitswesen, der Strafjustiz oder der Seelsorge können Studierenden helfen, sich mit realen Szenarien auseinanderzusetzen. Der interdisziplinäre Dialog mit Bereichen wie Informatik, Recht und Soziologie kann das Verständnis der Studierenden für die gesellschaftlichen Kräfte, die KI prägen, erweitern. Auf diese Weise können Seminare Führungskräfte ausbilden, die nicht nur theologisch gebildet, sondern auch technologisch versiert sind.

Ausbildung darf sich jedoch nicht auf intellektuelles Training reduzieren. Spirituelle Praktiken sind unerlässlich, um Führungskräfte zu formen, die die moralische Komplexität der KI mit Demut und Mut meistern können. Gebet, Beichte und gemeinschaftliche Urteilsfindung fördern eine Haltung der Achtsamkeit gegenüber Gottes Geist und helfen Führungskräften, sowohl technokratischer Hybris als auch ängstlichem Rückzug zu widerstehen. Diese Praktiken erinnern die Studierenden daran, dass Verantwortung nicht nur eine rechtliche oder berufliche Pflicht ist, sondern eine Berufung, die auf der Liebe zu Gott und dem Nächsten beruht.

Seminare müssen auch in ihrer eigenen institutionellen Praxis Verantwortung vorleben. Dazu gehören transparente Richtlinien zum Einsatz von KI in Lehre und Verwaltung, Verpflichtungen zum Datenschutz für Studierende und Lehrende sowie eine kritische Auseinandersetzung mit der Frage, wie digitale Plattformen die Pädagogik prägen. Durch den verantwortungsvollen Umgang mit Technologie zeigen theologische Institutionen ihren Studierenden, wie treues Engagement in der Praxis aussieht.

Schließlich muss die theologische Ausbildung moralische Vorstellungskraft fördern. Studierende brauchen Raum, um sich vorzustellen, wie KI zum Gemeinwohl eingesetzt werden kann, insbesondere in den Diensten der Ausgegrenzten und Schwachen. Diese fantasievolle Arbeit ermöglicht es zukünftigen Führungskräften, über Kritik hinauszugehen und sich konstruktiv zu engagieren und hoffnungsvolle Visionen von

Technologie zu entwickeln, die mit Gottes Gerechtigkeit und Barmherzigkeit im Einklang stehen. Indem sie Führungskräfte sowohl mit kritischem Urteilsvermögen als auch mit kreativer Vorstellungskraft ausstattet, bereitet die theologische Ausbildung die Kirche darauf vor, in einer von KI geprägten Welt Verantwortung zu übernehmen.

Abschluss
Verantwortung tragen im KI-Zeitalter

Mit der zunehmenden Verbreitung künstlicher Intelligenz wächst die Versuchung, sie entweder als autonomen Akteur jenseits menschlicher Kontrolle oder als bloßes Werkzeug zu betrachten, das seine Nutzer von Verantwortung entbindet. Die christliche Theologie bietet einen gläubigeren Weg. Sie bekräftigt die Einzigartigkeit menschlichen Handelns, besteht auf Verantwortlichkeit inmitten der Komplexität und begründet Verantwortung in der Liebe und Verantwortung des Bundes. Auf diese Weise befähigt sie die Kirche, Zeugnis für einen Gott abzulegen, der die Menschheit nicht als Last betrachtet, sondern als Berufung zu gerechtem Handeln, Barmherzigkeit und Demut in einer Welt, in der menschliches und künstliches Handeln zunehmend miteinander verflochten sind.

Verantwortung im Zeitalter der künstlichen Intelligenz zu tragen bedeutet, weder aufzugeben noch zu verzweifeln. Es bedeutet, das Narrativ abzulehnen, niemand sei verantwortlich, wenn Schaden entsteht, und gleichzeitig der Versuchung zu widerstehen, Einzelne für systembedingtes

Versagen verantwortlich zu machen. Stattdessen ist die Kirche aufgerufen, gemeinsame Verantwortung zu leben, indem Institutionen, Gemeinschaften und Einzelpersonen gemeinsam darüber nachdenken, wie Technologien gerecht eingesetzt und Schaden wiedergutgemacht werden kann. Dies erfordert Demut, Mitschuld zu bekennen, Mut, den Mächtigen die Wahrheit zu sagen, und Kreativität, sich Alternativen vorzustellen.

Verantwortung im Zeitalter der KI erfordert Wachsamkeit. KI-Systeme entwickeln sich rasant weiter, und ihre Auswirkungen wirken sich oft unvorhergesehen auf die Gesellschaft aus. Verantwortungsvoll zu leben bedeutet, aufmerksam zu bleiben und sich ständig zu fragen, wer profitiert, wer leidet und welche Werte gestärkt werden. Es geht darum, sicherzustellen, dass technologische Innovationen nicht hinter moralischen Überlegungen zurückbleiben und die Menschenwürde bei jeder Entscheidung im Mittelpunkt steht.

Letztendlich ist christliche Verantwortung hoffnungsvoll. Sie vertraut darauf, dass Gottes Gnade menschliches Bemühen unterstützt und dass der Heilige Geist der Kirche selbst in einer von Algorithmen geprägten Welt die Kraft gibt, treu zu leben. Verantwortung zu tragen, bedeutet nicht nur, Risiken zu managen, sondern an Gott versöhnendem Werk teilzuhaben. Indem die Kirche diese Berufung annimmt, bezeugt sie, dass Verantwortung keine Last ist, die es zu vermeiden gilt, sondern ein Geschenk, das es anzunehmen gilt – eine Möglichkeit, wahrhaftig und liebevoll in der Gemeinschaft zu leben.

So wird die Reaktion der Kirche auf KI zu einem Zeugnis des Evangeliums selbst. Angesichts der zunehmenden Verflechtung von Menschen und Maschine ist das Volk Gottes aufgerufen, zu zeigen, dass moralische Verantwortung nicht an Algorithmen delegiert werden kann. Sie wird von Glaubensgemeinschaften getragen, die demütig mit Gott wandeln, Gerechtigkeit für die Unterdrückten suchen und Barmherzigkeit in einer nach Integrität hungernden Welt verkörpern. Damit verkündet die Kirche, dass auch im digitalen Zeitalter Christus definiert, was es bedeutet, verantwortungsvoll zu leben.

Kapitel 6
Pädagogik der Präsenz in einem körperlosen Zeitalter

Einführung
Die Herausforderung der Präsenz

Der Aufstieg künstlicher Intelligenz und digitaler Technologien hat nicht nur das, was wir lernen, sondern auch die Art und Weise, wie wir lernen, verändert. Der Unterricht ist heute hybrid, Diskussionen finden über Online-Plattformen statt und Aufgaben können von Maschinen erstellt oder unterstützt werden. In diesem körperlosen Zeitalter steht die Präsenz (die verkörperte, relationale und spirituelle Dimension des Lehrens und Lernens) vor beispiellosen Herausforderungen. Wie kann die theologische Ausbildung authentische Präsenz fördern, wenn Bildschirme, Algorithmen und KI-gestützte Tools zunehmend zwischen Lehrenden und Lernenden stehen?

Dieses Kapitel untersucht Präsenzpädagogik als wichtige Antwort auf die Risiken der Entkörperung in der KI-geprägten Bildung. Es argumentiert, dass Präsenz nicht nur physische Nähe bedeutet, sondern auch Aufmerksamkeit, Relationalität und sakramentale Vorstellungskraft. Für Seminare und Kirchen ist die Förderung der Präsenz in der Pädagogik unerlässlich, um Führungskräfte auszubilden, die die Liebe Christi in einer fragmentierten und mediatisierten Welt verkörpern können.

79

Der Verlust der Präsenz in der digitalen Kultur

Die digitale Kultur neigt dazu, die Aufmerksamkeit zu fragmentieren und körperliche Begegnungen zu verringern. Soziale Medien reduzieren Beziehungen auf kuratierte Bilder und flüchtige Interaktionen. Online-Lernen bietet zwar Flexibilität, kann aber oft nicht die Tiefe des persönlichen Dialogs nachbilden. KI-gesteuerte Tools sind zwar effizient, können den menschlichen Kontakt jedoch weiter beeinträchtigen, indem sie die Kommunikation über automatisierte Systeme vermitteln. In solchen Kontexten wird Präsenz leicht auf die Teilnahmemetriken von Anmeldungen, Klicks oder online verbrachter Zeit reduziert, anstatt auf echtes Engagement.

Dieser Rückgang der Präsenz beeinflusst nicht nur das Lernverhalten der Menschen, sondern auch ihre Beziehungen zueinander. Wenn digitale Plattformen Geschwindigkeit, Neuheit und Effizienz in den Vordergrund stellen, fördern sie Ablenkungsgewohnheiten. Studierende können während Online-Vorlesungen Multitasking betreiben, Inhalte überfliegen, anstatt nachzudenken, und sich nur oberflächlich mit Inhalten beschäftigen, anstatt sich intensiv damit zu befassen. Auch Lehrende könnten versucht sein, Erfolg an Abschlussquoten oder digitalen Ergebnissen zu messen, anstatt an Transformation und Entwicklung. Die Folge ist eine Erosion der Aufmerksamkeit und der Beziehungstiefe, die für eine sinnvolle Bildung von zentraler Bedeutung sind.

Theologisch gesehen ist dieser Verlust an Präsenz bedeutsam. Die christliche Tradition bekräftigt die Inkarnation als Gottes Gegenwart in

Fleisch und Geschichte, und Gottesdienste konzentrieren sich auf Versammlungen, Sakramente und gemeinsames Gebet. Wenn Bildung entkörperlicht wird, besteht die Gefahr, dass die Verbindung zwischen Lernen und Bildung, zwischen Wissen und Gemeinschaft zerbricht. Präsenz ist für die theologische Ausbildung kein Nebeneffekt, sondern ihr Kern, denn die Bildung zur Christusähnlichkeit geschieht durch gemeinsames Leben, Dialog und gelebte Praxis.

Gleichzeitig ist es wichtig zu erkennen, dass die digitale Kultur die Möglichkeit der Präsenz nicht ausschließt, sondern die Art und Weise, wie sie gepflegt werden muss, neugestaltet. Die Herausforderung besteht nicht nur darin, den Verlust zu beklagen, sondern auch zu erkennen, wie authentische Präsenz auch in medialen Kontexten gefördert werden kann. Dies erfordert Intentionalität: Rhythmen der Aufmerksamkeit zu schaffen, der Kommerzialisierung von Beziehungen zu widerstehen und die Bildung wieder auf relationale und spirituelle Tiefe zu zentrieren. Auf diese Weise können Kirche und theologische Institutionen der Reduzierung von Präsenz auf Metriken widerstehen und sie als transformative Praxis wiederentdecken.

Theologische Begründung der Präsenz

Präsenz in der christlichen Theologie ist nicht nur physisch, sondern auch relational und sakramental. Gottes Gegenwart wird durch Schöpfung, durch das Wort und vor allem durch die Menschwerdung Christi vermittelt. Der Heilige Geist macht Gott im Gottesdienst der Kirche, in der

Heiligen Schrift und im Leben der Gläubigen gegenwärtig. Pädagogisch von Präsenz zu sprechen, bedeutet daher zu bekräftigen, dass Lehren und Lernen mehr sind als Informationsvermittlung; es sind Begegnungen, in denen Gnade vermittelt, Beziehungen vertieft und Transformation gefördert werden kann.

Die Inkarnation bildet die stärkste theologische Grundlage für Präsenz. In Christus blieb Gott nicht fern, sondern trat in die Fülle des menschlichen Lebens ein und verkörperte Solidarität und Liebe. Dieses Mysterium bestätigt, dass wahre Präsenz Verletzlichkeit, Empathie und körperliches Engagement beinhaltet. Für theologische Pädagogen bedeutet dies, dass es beim Lehren nicht nur um die Vermittlung von Wissen geht, sondern darum, Gottes Präsenz so zu verkörpern, dass die Studierenden zu einer tieferen Gemeinschaft mit Gott und untereinander eingeladen werden.

Auch die Sakramente verdeutlichen die Bedeutung von Präsenz. Brot und Wein, Wasser und Öl, ganz alltägliche Elemente, werden zu Trägern göttlicher Gnade. Ebenso können alltägliche Lehrpraktiken (Zuhören, Dialog, Lesen, Gebet) sakramental werden, wenn sie mit der Aufmerksamkeit des Geistes Gottes dargeboten werden. Präsenz ist sakramental, weil sie offenbart, dass Gott durch menschliche Interaktion wirkt und Gnade in alltäglichen Begegnungen offenbart.

Diese theologische Grundlage fordert Pädagogen dazu auf, Schüler nicht auf bloße Datenpunkte oder Ergebnisse zu reduzieren. Jeder Schüler ist Träger des *Bildes Gottes* und verdient Anwesenheit, Aufmerksamkeit und Fürsorge. Für einen Schüler da zu sein bedeutet, seine Würde zu ehren und ihn nicht nur als Lernende, sondern als geliebte Kinder Gottes zu sehen. Ebenso ist die Anwesenheit des Lehrers nicht nur funktional, sondern prägend und verkörpert Geduld, Gastfreundschaft und Weisheit. In diesem Sinne wird Pädagogik zu einem Ort theologischer Praxis, wo Präsenz an Gottes Gegenwart in der Schöpfung teilhat.

Schließlich erinnert uns die Rolle des Heiligen Geistes, Gott gegenwärtig zu machen, daran, dass Präsenz weder konstruiert noch automatisiert werden kann. Technologie mag zwar die Kommunikation erleichtern, doch wahre Präsenz ist ein Geschenk des Geistes, das sich in Aufmerksamkeit, Liebe und Offenheit für Veränderung manifestiert. Das bedeutet, dass Präsenz auch im digitalen oder hybriden Unterricht möglich ist, wenn Lehrer und Schüler die Führung des Geistes suchen und ihr Lernen als Teilnahme an Gott fortwährendem Werk betrachten.

Praktiken der Präsenz in der Lehre

Präsenz zu fördern, erfordert gezieltes Üben. Im physischen Klassenzimmer kann dies bedeuten, dem Dialog Vorrang vor Vorlesungen zu geben, Raum für Stille und Besinnung zu schaffen und die Gemeinschaft durch gemeinsame Gebetsrituale zu fördern. In digitalen Kontexten kann Präsenz durch Praktiken wie synchrone Diskussionen, die Aufmerksamkeit betonen, personalisiertes Feedback, das Fürsorge vermittelt, und gezielte Check-ins, die einer Depersonalisierung entgegenwirken, gefördert werden.

Präsenzpraxis beginnt mit Aufmerksamkeit. Lehrkräfte können Aufmerksamkeit vorleben, indem sie aufmerksam zuhören, Schüler benennen und geduldig auf ihre Fragen eingehen. Diese Aufmerksamkeit vermittelt Wertschätzung und unterstreicht die Würde jedes Lernenden. Im digitalen Klassenzimmer kann Aufmerksamkeit bedeuten, Abwesenheit oder Stille zu bemerken, persönlich auf andere zuzugehen oder Schülern Gelegenheiten zu geben, sich in ihrem Kontext einzubringen. Präsenz wächst dort, wo sich Menschen gesehen und gehört fühlen.

Dialog ist eine weitere zentrale Praxis. Theologische Ausbildung gedeiht, wenn Lehrende und Studierende sich gemeinsam mit Heiliger Schrift, Tradition und zeitgenössischer Erfahrung auseinandersetzen. Sowohl im Präsenzunterricht als auch im Online-Unterricht fördert Dialog die gegenseitige Präsenz; Lernen wird zu einer gemeinsamen Reise statt einer einseitigen Vermittlung. Technologie kann den Dialog durch Foren oder Arbeitsgruppen unterstützen, doch das Ziel muss immer die echte Begegnung sein, nicht bloße Aktivität.

Auch verkörperte Rituale stärken die Präsenz. Gemeinsames Gebet zu Beginn oder am Ende des Unterrichts, Momente der Stille oder sogar Segensgesten können Lernen als heilige Aktivität kennzeichnen. In Online-Kontexten können einfache Praktiken wie das gemeinsame Anzünden von Kerzen, das Innehalten zum Nachdenken oder das gemeinsame Beten über Bildschirme hinweg die Teilnehmer daran erinnern, dass Präsenz nicht auf physische Nähe beschränkt ist. Diese Praktiken verbinden Pädagogik mit Gottesdienst und prägen Gewohnheiten, die über den Unterricht hinausgehen.

Unterstützung und nicht als Ersatz konzipiert werden. KI kann beispielsweise bei der Organisation von Kursmaterialien, der Transkription von Vorlesungen oder der Bereitstellung von Übersetzungen helfen, doch der Kern der Pädagogik muss relational bleiben. Lehrkräfte müssen sich darüber im Klaren sein, dass KI zwar bestimmte Aufgaben erleichtern kann, aber die menschliche Begegnung im Mittelpunkt der Bildung nicht ersetzen kann. Tatsächlich kann das Aufzeigen dieser Grenzen selbst ein pädagogischer Akt sein, der die Schüler daran erinnert, was Maschinen nicht leisten können.

Und schließlich erfordert Präsenz Verletzlichkeit und Authentizität von den Lehrkräften selbst. Wenn Pädagogen ihre eigenen Probleme teilen, ihre Grenzen anerkennen und die Schüler zu einem echten Gespräch einladen, verkörpern sie Präsenz auf eine Weise, die keine Technologie nachahmen kann. Diese Authentizität fördert Vertrauen und schafft Raum für die Schüler, sich voll und ganz in die Lerngemeinschaft einzubringen.

Präsenz, Bildung und Gemeinschaft

Präsenzpädagogik muss auch die übergeordneten Ziele der theologischen Ausbildung berücksichtigen: die Bildung von Charakter, Berufung und Gemeinschaft. Präsenz bedeutet nicht nur persönliche Beziehungen, sondern die Gestaltung eines Gemeinschaftslebens, in dem

Studierende lernen, die Lasten des anderen zu tragen, gemeinsam zu unterscheiden und Gerechtigkeit und Mitgefühl zu leben. In einem körperlosen Zeitalter erfordert eine solche gemeinschaftliche Bildung Kreativität (virtuelle Gebetsgruppen, digitales Geschichtenerzählen, hybride Gottesdienste), aber auch das Engagement für körperhafte Begegnungen, wo immer möglich.

Präsenzbildung bedeutet, Gewohnheiten zu entwickeln, die Lernen und Jüngerschaft verbinden. Der Unterricht sollte die Tugenden Aufmerksamkeit, Geduld, Demut und Gastfreundschaft vermitteln, die für das christliche Leben von zentraler Bedeutung sind. Wenn Schüler diese Tugenden durch Lehrer und Mitschüler erfahren, lernen sie nicht nur theologische Inhalte, sondern auch, was es bedeutet, treu in der Gemeinschaft zu leben. Diese Ausbildung bereitet sie auf den Dienst vor, in dem Präsenz in Kontexten von Leid, Konflikten und Unsicherheit auf die Probe gestellt wird.

Gemeinschaft ist eine weitere wesentliche Dimension von Präsenz. Bildung ist nie rein individuell, sondern immer gemeinschaftlich, geprägt von gemeinsamen Geschichten, Praktiken und Verantwortlichkeiten. In digitalen Kontexten ist die Gefahr der Isolation hoch: Studierende können sich als anonyme Teilnehmer in einem riesigen System fühlen. Präsenzpädagogik versucht, dies zu überwinden, indem sie gemeinsame Projekte, gemeinsame Reflexion und Rituale der Zugehörigkeit fördert. Online-Kohorten können Gemeinschaften der Gnade sein, wenn Lehrkräfte bewusst gegenseitige Fürsorge und Verantwortlichkeit fördern.

Präsenz erfordert auch die Berücksichtigung marginalisierter Stimmen. In Lernräumen, ob physisch oder digital, können Ungleichheiten beim Zugang und bei der Teilnahme leicht übersehen werden. Präsenz zu fördern, bedeutet sicherzustellen, dass alle Studierenden gesehen und gehört werden, dass unterschiedliche Perspektiven gewürdigt werden und dass diejenigen, die von Ausgrenzung bedroht sind, in die Gemeinschaft einbezogen werden. Dies spiegelt den biblischen Ruf zur Gastfreundschaft und die Mission der Kirche wider, ein Körper zu sein, in dem jedes Mitglied geschätzt wird. Präsenz wird in diesem Sinne zu einer Praxis der Gerechtigkeit.

Im besten Fall ist Präsenz in der theologischen Ausbildung transformativ, weil sie intellektuelle, spirituelle und gemeinschaftliche Dimensionen der Bildung integriert. Sie lehrt die Studierenden, dass sie keine isolierten Denker sind, sondern Mitglieder einer Gemeinschaft, die gemeinsam Zeugnis ablegen soll. Sie zeigt, dass es bei Bildung nicht nur um Information geht, sondern darum, eine Gemeinschaft zu werden, die die Liebe Christi widerspiegelt. Auf diese Weise bereitet eine Pädagogik der Präsenz Führungskräfte vor, die diese Praktiken in Gemeinden, Klassenzimmern und der Gesellschaft weitertragen können.

Die sakramentale Vorstellung von Präsenz

Im tiefsten Sinne kann Präsenz in der theologischen Ausbildung sakramental verstanden werden. Sakramente sind Zeichen, die göttliche Gegenwart durch alltägliche Dinge wie Brot, Wein und Wasser vermitteln. Ebenso kann Pädagogik sakramental werden, wenn sie Lernerfahrungen als Gelegenheiten zur Offenbarung der Gnade Gottes betrachtet. Diese Vorstellung hilft Pädagogen, selbst digitale Interaktionen als potenzielle Orte der Präsenz zu begreifen, sofern sie ihnen mit Aufmerksamkeit, Ehrfurcht und Liebe begegnen.

Die sakramentale Vorstellungskraft gestaltet den alltäglichen Unterricht als Momente, in denen Gottes Gegenwart spürbar wird. Eine Diskussion über einen Text, der Austausch persönlicher Geschichten oder ein gemeinsames Gebet werden zu mehr als nur einer akademischen Übung; sie werden zu einem Zeichen von Gottes Wirken in der Gemeinschaft. Selbst online, wenn Schüler innehalten, um einander aufmerksam zuzuhören, oder wenn ein Lehrer über einen Bildschirm Segensworte spricht, können solche Momente sakramentale Bedeutung haben. Sie offenbaren, dass Gottes Gnade nicht auf den physischen Raum beschränkt ist, sondern uns in vermittelten Begegnungen begegnet.

Diese Vorstellung bewahrt auch vor der Verzweiflung über die digitale Vermittlung. Zwar können Bildschirme die Präsenz fragmentieren, doch die sakramentale Vorstellung besteht darauf, dass Gott durch das Gewöhnliche und Unvollkommene wirkt. So wie Gottes Gnade durch Brot und Wein vermittelt wird, so kann Gnade auch durch digitale Verbindungen vermittelt werden, wenn diese auf Gemeinschaft und Liebe ausgerichtet sind. Die Herausforderung für Pädagogen besteht darin, Praktiken zu fördern, die Raum für diese Präsenz schaffen, anstatt sie durch Ablenkung oder Entpersönlichung zu verschließen.

Wichtig ist, dass eine sakramentale Vision von Präsenz nicht die Romantisierung von Technologie bedeutet. Sie suggeriert nicht, dass digitale Werkzeuge grundsätzlich heilig sind, sondern dass Gottes Gegenwart überall dort spürbar ist, wo Menschen im Namen Christi zusammenkommen. Sie lädt theologische Pädagogen ein, ihre Pädagogik mit Ehrfurcht anzugehen und zu erkennen, dass jede Interaktion eine Gelegenheit für das Wirken des Heiligen Geistes ist. Diese Neuausrichtung hebt die Bedeutung von Lehren und Lernen hervor und erinnert uns daran, dass Bildung nicht nur intellektuelle Bildung ist, sondern Teilhabe an Gott fortwährender Gegenwart in der Schöpfung.

Letztlich vertieft die sakramentale Imagination die Pädagogik, indem sie die Gegenwart im Mysterium der Menschwerdung und im Wirken des Geistes verortet. Sie bekräftigt, dass Gottes Gegenwart nicht abstrakt, sondern verkörpert, relational und transformativ ist. Wenn die theologische Ausbildung diese Vision verinnerlicht, betrachtet sie jeden Klassenraum (ob physisch oder digital) als heiligen Boden, als einen Ort, an dem Gottes Gegenwart in und durch menschliche Präsenz erfahren werden kann.

Abschluss
Anwesenheit als Zeuge

In einem Zeitalter, das zunehmend von KI und digitalen Systemen geprägt ist, sind Präsenzpädagogiken eine Form des Zeugnisses. Sie bezeugen, dass Bildung nicht auf Effizienz, Produktivität oder Informationsvermittlung reduziert werden kann, sondern die Bildung von Menschen in Gemeinschaft vor Gott bedeutet. Durch die Förderung von Präsenz befähigt die theologische Ausbildung Führungskräfte, die Liebe Christi in Kontexten zu verkörpern, in denen Entkörperung und Fragmentierung die Norm sind.

Von Präsenz als Zeugnis zu sprechen, bedeutet zu bekräftigen, dass jede Aufmerksamkeit, jede Gastfreundschaft und jeder Moment authentischer Begegnung vom Evangelium zeugen. In einer Welt, in der Algorithmen Aufmerksamkeit vermitteln und Beziehungen kommerzialisieren, wird die Entscheidung, für einen anderen Menschen da zu sein, zu einem radikalen Akt. Sie verkündet, dass der Mensch nicht auf Datenpunkte reduziert werden kann, sondern Träger des Bildes Gottes ist und Liebe und Würde verdient.

Dieses Zeugnis reicht über den Unterricht hinaus in das Leben der Kirche und der Welt hinaus. Durch Präsenzpädagogik ausgebildete Führungskräfte werden darauf vorbereitet, Gemeinden zu begleiten, die sich ebenfalls mit der digitalen Entkörperung auseinandersetzen und Präsenzdienste in Krankenhäusern, Online-Foren, am Arbeitsplatz und in der Nachbarschaft anbieten. Sie werden dem Druck von Effizienz und Produktivität standhalten können, indem sie Fürsorge, Zuhören und gelebte Solidarität in den Vordergrund stellen. Damit zeigen sie, dass Präsenz nicht nur eine pädagogische Strategie, sondern eine theologische Berufung ist.

Präsenz als Zeugnis hat auch eine eschatologische Dimension. Sie verweist auf die ultimative Verheißung der Gegenwart Gottes in der

Schöpfung, die Vision der Offenbarung, in der Gott bei den Menschen weilt und jede Träne trocknet. Jeder kleine Akt der Präsenz nimmt diese Zukunft vorweg und verkörpert in der Gegenwart ein Zeichen des kommenden Reiches. Theologische Ausbildung, die Präsenz fördert, trägt somit zu dieser größeren Hoffnung bei und lehrt Studierende, als Gemeinschaften zu leben, die Gottes endgültige Erlösung erwarten.

In Klassenzimmern, Kirchen und digitalen Räumen erinnert uns die Praxis der Präsenz daran, dass das Wort Fleisch wurde und unter uns wohnte. Diese Wahrheit verankert die Pädagogik im Mysterium der Menschwerdung und sendet Führungskräfte als Zeugen der Nähe Gottes in die Welt. Indem theologische Ausbildung in einem körperlosen Zeitalter an der Präsenz festhält, bildet sie Jünger aus, die die Liebe Christi verkörpern, den Kräften der Zersplitterung widerstehen und durch ihr Leben verkünden, dass Gott bei uns ist, auch hier und jetzt.

Kapitel 7
Integrität beurteilen
Wahrheit, Vertrauen und Plagiat im Zeitalter der KI

Einführung
Die Krise der Integrität

Künstliche Intelligenz hat traditionelle Vorstellungen von akademischer Integrität erschüttert. Essays können in Sekundenschnelle verfasst, Predigten von Algorithmen entworfen und ganze Projekte ohne einen einzigen menschlichen Satz erstellt werden. Dieser technologische Wandel stellt theologische Pädagogen vor die Frage: Was bedeutet Integrität, wenn Maschinen durchdachten, kreative und originelle Arbeiten hervorbringen können? Integrität in der theologischen Ausbildung bedeutet nicht nur, Unehrlichkeit zu verhindern; es geht darum, Wahrhaftigkeit, Vertrauen und Verantwortlichkeit in von Christus geprägten Gemeinschaften zu fördern.

Das Ausmaß der Herausforderung ist beträchtlich. Akademische Institutionen kämpfen seit langem mit Plagiaten, doch KI führt eine neue Ebene der Komplexität ein, indem sie die Grenze zwischen menschlicher Urheberschaft und maschineller Unterstützung verwischt. Ein von einem Studenten verfasster Aufsatz kann von KI generierte Sätze, von Algorithmen vorgeschlagene Bearbeitungen oder ganze Argumente enthalten, die ohne viel menschliches Nachdenken konstruiert wurden. Predigten und Andachten werden möglicherweise zunehmend mithilfe generativer Werkzeuge verfasst, was Fragen nach Urheberschaft, Authentizität und pastoraler Verantwortung aufwirft. Diese Veränderungen sind nicht marginal; sie treffen den Kern der Aufgabe der theologischen Ausbildung, Führungskräfte auszubilden, die wahrhaftig denken, sprechen und handeln können.

Es geht um mehr als die Einhaltung akademischer Regeln. Theologische Ausbildung dient nicht nur der Wissensvermittlung, sondern der Heranbildung von Jüngern, deren Leben den Gott der Wahrheit widerspiegelt. Integrität muss daher als spirituelle und gemeinschaftliche Praxis verstanden werden, nicht nur als akademische Regel. Die Frage ist nicht nur, wie man Unehrlichkeit aufdeckt, sondern wie man Gemeinschaften bildet, in denen Wahrheit geliebt, Vertrauen möglich ist und Treue zu Gott in Studium und Dienst gelebt wird.

Dieses Kapitel untersucht, wie Integrität im Hinblick auf KI neu gedacht werden muss. Es untersucht den Wandel des Plagiats, die Rolle des Vertrauens in theologischen Gemeinschaften und die tiefere theologische Verankerung der Wahrheit als Treue zu Gott. Das Argument ist, dass die Beurteilung von Integrität im KI-Zeitalter mehr als nur technische Schutzmaßnahmen erfordert; es erfordert die Pflege von Gemeinschaften, die Ehrlichkeit, Urteilsvermögen und gemeinschaftliche Verantwortung vereinen.

Die sich verändernde Landschaft des Plagiats

Traditionell wurde unter Plagiat das Kopieren der Arbeit einer anderen Person ohne

Quellenangabe verstanden. Im Zeitalter der künstlichen Intelligenz verschwimmen die Grenzen. Wenn ein Student einen Aufsatz einreicht, der mit einem KI-Tool verfasst wurde, handelt es sich dann um Plagiat, Zusammenarbeit oder etwas völlig Neues? Wenn Pfarrer KI zum Verfassen einer Predigt verwenden, ist dies dann Diebstahl, Faulheit oder legitime Hilfe? Diese Fragen entlarven die Unzulänglichkeit älterer Kategorien und erfordern ein neues Urteilsvermögen.

Ein Teil der Schwierigkeit besteht darin, dass KI-generierter Text nicht aus einer einzigen identifizierbaren Quelle stammt. Traditionelles Plagiat bestand darin, Wörter oder Ideen eines anderen Autors ohne Quellenangabe zu übernehmen. KI-Systeme hingegen generieren Ergebnisse, indem sie Muster aus riesigen Datensätzen synthetisieren. Das bedeutet, dass der resultierende Text zwar keine Kopie im herkömmlichen Sinne ist, aber auch nicht das Originalwerk des Studenten oder Predigers. Diese Mehrdeutigkeit sorgt für Verwirrung: Was gilt als intellektuelle Unredlichkeit, wenn sich die Kategorien von Autorschaft und Originalität verschieben?

Theologisch gesehen war Plagiat schon immer mehr als ein akademischer Verstoß. Es ist ein Mangel an Wahrhaftigkeit, eine falsche Darstellung der eigenen Person und des Nächsten. Es untergräbt den prägenden Zweck der theologischen Ausbildung, indem es Lernen durch Abkürzungen ersetzt. In einer KI-gesteuerten Welt verstärkt die Versuchung, das Denken an Maschinen auszulagern, diese Gefahr. Studierende könnten versucht sein,

Lernen als Leistung statt als Bildung zu betrachten und Bildung auf die Produktion ausgefeilter Texte statt auf die Aneignung von Weisheit zu reduzieren.

Diese sich verändernde Landschaft stellt auch Pädagogen vor Herausforderungen. Richtlinien aus früheren Zeiten berücksichtigen KI möglicherweise nicht ausreichend. Ein einfaches Verbot der KI-Nutzung ist oft unpraktisch, während eine unkritische Akzeptanz die Integritätsstandards untergräbt. Die Aufgabe besteht darin, Richtlinien zu erarbeiten, die die Präsenz von KI anerkennen und gleichzeitig darauf bestehen, dass die Kernarbeit des Lernens (kritische Reflexion, moralische Urteilskraft und theologische Vorstellungskraft) nicht an Maschinen delegiert werden kann.

Letztlich erfordert die Herausforderung des Plagiats im Zeitalter der künstlichen Intelligenz, dass die theologische Ausbildung über ein reines Kontrollmodell hinausgeht und ein prägendes Modell entwickelt. Statt nur zu fragen: "Hat ein Student geschummelt?", müssen Pädagogen auch fragen: "Wie bilden wir Studenten aus, die die Wahrheit mehr lieben als Bequemlichkeit?" Indem sie Plagiate als Frage der Jüngerschaft und nicht bloßer Konformität neu definieren, können theologische Institutionen Studenten vermitteln, dass Integrität nicht nur für Noten wichtig ist, sondern auch für die Treue zu Gott und dem Nächsten.

Integrität als Wahrhaftigkeit

Die christliche Theologie begründet Integrität im Charakter Gottes, der Wahrheit ist und dessen Wort vertrauenswürdig ist. Integrität bedeutet, sein

Leben an Gottes Wahrheit auszurichten und Täuschung und Unehrlichkeit abzulehnen. In der Bildung bedeutet dies, dass das Streben nach Wissen untrennbar mit dem Streben nach Heiligkeit verbunden ist. Integrität bedeutet nicht nur, Falschheit zu vermeiden, sondern Wahrhaftigkeit in Studium, Lehre und Gemeinschaftsleben zu verkörpern.

Wahrhaftigkeit geht in der christlichen Tradition über faktische Genauigkeit hinaus. Es geht um Treue, Transparenz und ein ganzheitliches Leben. Ein integrer Mensch ist nicht gespalten; was er bekennt und was er praktiziert, stimmt überein. Für Studierende bedeutet dies, dass ihre akademische Arbeit ihre eigene Auseinandersetzung mit Ideen ehrlich widerspiegeln sollte, auch wenn sie unvollkommen oder unvollständig ist. Für Lehrende bedeutet dies, Ehrlichkeit in der Wissenschaft vorzuleben, Quellen zu benennen, Grenzen einzugestehen und der Versuchung zu widerstehen, mehr Gewissheit zu präsentieren, als die Beweise zulassen.

Diese theologische Vision gibt der Diskussion über Plagiat einen neuen Rahmen. Die Frage lautet nicht nur: "Welche Regeln wurden gebrochen?", sondern: "Wie formen uns unsere Praktiken zu Menschen der Wahrheit oder Lüge?" Wenn Studierende ihre Arbeit falsch darstellen, schaden sie nicht nur sich selbst, sondern der gesamten Vertrauensgemeinschaft. Wenn Lehrer Unehrlichkeit ignorieren, verfehlen sie ihre Berufung, Jünger der Wahrheit zu formen. Integrität hat also weniger mit Gehorsam zu tun als vielmehr mit Jüngerschaft, mit der Formung eines Charakters im Einklang mit Gott, der die Wahrheit ist.

KI stellt dies in Frage, indem sie Unehrlichkeit leichter und schwerer erkennbar macht. Sie bietet aber auch die Chance, die tiefere Bedeutung von Wahrhaftigkeit wiederzuentdecken. Die Präsenz von KI zwingt Lehrende und Studierende dazu, sich zu fragen, warum Ehrlichkeit überhaupt wichtig ist. Sie zwingt Institutionen, Integrität nicht als externe Anforderung, sondern als innere Tugend zu verstehen, die in der Treue zu Gott wurzelt. Auf diese Weise wird Integrität als zentrale Dimension theologischer Ausbildung zurückgewonnen.

Vertrauen und der Bildungspakt

Integrität ist untrennbar mit Vertrauen verbunden. Theologische Ausbildung basiert auf dem Vertrauen zwischen Studierenden und Lehrenden, zwischen Institutionen und Gemeinschaften und letztlich zwischen Menschen und Gott. KI zerstört dieses Vertrauen, indem sie es schwieriger macht, die Verantwortung für einen bestimmten Text oder eine bestimmte Idee zu erkennen. Ohne Vertrauen wird Bewertung zur Überwachung, und Lernen wird auf Misstrauen reduziert.

Vertrauen lässt sich jedoch nicht allein durch Erkennungstechnologien ersetzen. Plagiatsprüfer oder KI-Identifikatoren können zwar als Schutz dienen, können aber nicht das gegenseitige Vertrauen schaffen, das echte Lerngemeinschaften ausmacht. Vertrauen entsteht durch Ehrlichkeit, Verantwortlichkeit und Treue. Es wird gefördert, wenn Lehrkräfte ihre Schüler als integer behandeln und die Schüler erleben, dass ihre Lehrer in ihrer Lehre und Pädagogik dieselbe Integrität vorleben.

Ein bundesbasierter Ansatz bietet einen anderen Weg. In der Heiligen Schrift begründet ein Bund Beziehungen der Treue, Verantwortlichkeit und gegenseitigen Verantwortung. Überträgt man dies auf die Bildung, bedeutet dies, dass Integrität nicht allein durch Kontrolle, sondern durch die Pflege vertrauensvoller Gemeinschaften gewahrt wird. Schüler verpflichten sich zur Ehrlichkeit, nicht aus Angst vor Strafe, sondern weil sie Gott und ihren Mitmenschen Rechenschaft schuldig sind. Lehrer wahren Integrität nicht nur durch die Durchsetzung von Regeln, sondern indem sie in ihrer eigenen Arbeit Transparenz und Wahrhaftigkeit vorleben.

Diese Vision des Bündnisses gestaltet Richtlinien und Praktiken neu. Ehrenkodizes, gemeinsame Gebete und Rituale der Rechenschaftspflicht können dazu beitragen, Integrität als gemeinsame Berufung zu verkörpern. Institutionen können ein Umfeld schaffen, in dem sich Studierende sicher fühlen, Probleme zuzugeben, um Hilfe zu bitten und reifer zu werden, anstatt sich hinter Täuschungen zu verstecken. Auf diese Weise wird Integrität zu einem relationalen Bündnis, nicht zu einer individuellen Belastung.

Theologisch gesehen weist Vertrauen über menschliche Beziehungen hinaus auf den treuen Gott. Integrität in der Bildung spiegelt das Vertrauen in Gottes Wahrhaftigkeit wider und fördert Treue, die Studierende auf den Dienst vorbereitet. Indem sie Vertrauen auf den Bund gründet, widersetzt sich die theologische Ausbildung einer Kultur des

Misstrauens und der Überwachung und bezeugt stattdessen die Einladung des Evangeliums, als Menschen der Wahrheit und des Vertrauens zu leben.

Bildung durch Beurteilung

Die Bewertung in der theologischen Ausbildung muss über die Aufdeckung von Unehrlichkeit hinausgehen und die Integrität fördern. Dies erfordert die Gestaltung von Aufgaben, die zu originellem Denken, kontextbezogener Anwendung und persönlicher Reflexion anregen – Aufgaben, die sich nicht einfach an KI auslagern lassen. Darüber hinaus müssen Gespräche über Integrität in die Lehrpläne integriert werden, um den Studierenden zu vermitteln, warum Ehrlichkeit nicht nur akademisch, sondern auch theologisch wichtig ist.

Formative Beurteilung legt den Schwerpunkt auf Wachstum statt auf Leistung. Sie regt Schüler dazu an, sich mit Ideen auseinanderzusetzen, intellektuelle Risiken einzugehen und über ihren Lernweg nachzudenken. Indem sie Raum für Verletzlichkeit und Unvollkommenheit schaffen, verringern Pädagogen die Versuchung zu schummeln und fördern ein Umfeld, in dem Wahrheitsbewusstsein möglich ist. Auf diese Weise wird die Beurteilung selbst zu einem Instrument zur Förderung von Integrität.

Eine praktische Konsequenz ist die Gestaltung von Aufgaben, die Lernen und gelebte Erfahrung verbinden. Reflexionspapiere, Fallstudien und Kontextprojekte ermutigen Studierende, ihre eigenen Geschichten und kirchlichen Kontexte zu nutzen. Dadurch wird unehrliches Outsourcing weniger attraktiv und weniger sinnvoll. Kollaborative Arbeit kann, wenn sie richtig gestaltet ist, zudem Verantwortlichkeit und gegenseitige Abhängigkeit fördern und so die gemeinschaftliche Dimension von Integrität stärken.

Eine weitere Implikation ist die Rolle des Feedbacks. Persönliches, konstruktives Feedback vermittelt, dass Lehrkräfte präsent, aufmerksam und an der Entwicklung der Schüler interessiert sind. Diese Präsenz fördert das Vertrauen und reduziert die Anonymität, die oft zu Unehrlichkeit führt. Wenn Schüler wissen, dass ihre Arbeit sorgfältig gelesen und mit Sorgfalt beantwortet wird, sind sie eher bereit, ehrlich in den Prozess einzusteigen.

Auch die Beurteilung kann auf ihre Weise sakramental sein: eine Praxis, bei der Wahrheitsfindung und Gnade aufeinandertreffen. Indem theologische Pädagogen die Beurteilung als Teil der Jüngerschaft betrachten, erinnern sie die Studierenden daran, dass ihr akademischer Weg untrennbar mit ihrem spirituellen Weg verbunden ist. Die Benotung ist daher nicht nur ein Urteil, sondern eine Gelegenheit zur Ermutigung, Korrektur und zum Wachstum in der Heiligkeit.

Letztlich muss die Beurteilung auf die Heranbildung an Christus ausgerichtet sein. Wenn Aufgaben und Beurteilungen mit diesem Telos gestaltet werden, wird Integrität mehr als nur eine Regel, der man folgen muss; sie wird zu einem Weg, dem Ebenbild des Gottes der Wahrheit nachzueifern.

Die Rolle der Technologie beim Schutz der Integrität

Obwohl die Bildung im Vordergrund steht, können auch technologische Hilfsmittel zum Schutz der Integrität beitragen. Software zur Plagiatserkennung, KI-Ausgabekennungen und transparente Richtlinien zur akzeptablen Nutzung können vertrauensvolle Gemeinschaften fördern. Das Vertrauen in diese Hilfsmittel darf jedoch nicht die tiefere Arbeit an moralischer und spiritueller Bildung ersetzen. Technologie kann Unehrlichkeit aufdecken, aber keine Ehrlichkeit fördern. Diese Aufgabe obliegt Pädagogen, Gemeinschaften und dem Heiligen Geist, der die Wahrheit im Inneren formt.

Klug eingesetzt, kann Technologie Integrität stärken, statt sie zu untergraben. Klare Richtlinien zum angemessenen und unangemessenen Einsatz von KI helfen Schülern, die Grauzonen zu überwinden. Tools zur Erkennung von Ähnlichkeiten oder zur Rückverfolgung von Quellen können sowohl Schülern als auch Lehrern als Hilfe dienen – nicht nur als Kontrollmechanismen, sondern auch als Möglichkeit, korrekte Zuordnung und verantwortungsvolles wissenschaftliches Arbeiten zu vermitteln. Auf diese Weise können Erkennungstechnologien zu pädagogischen Hilfsmitteln werden, die den Wert der Wahrhaftigkeit stärken, anstatt Angst zu schüren.

Institutionen müssen zudem transparent mit der Nutzung von Technologie umgehen. Studierende sollten wissen, wie und zu welchem Zweck ihre Arbeit überwacht wird. Heimliche oder übermäßig strafende Überwachung untergräbt das

Vertrauen und kann Ressentiments schüren. Im Gegensatz dazu kann ein offenes Gespräch über diese Instrumente, eingebettet in eine Vereinbarung gegenseitiger Verantwortung, das gemeinschaftliche Engagement für Integrität stärken. Ein menschenwürdiger und lernfördernder Einsatz von Technologie fördert Vertrauen, statt es zu ersetzen.

Gleichzeitig müssen Lehrkräfte den kritischen Umgang mit diesen Tools vorleben. So wie KI-Ergebnisse fehlerhaft sein können, können auch Plagiatsdetektoren Fehlalarme produzieren oder subtile Formen der Unehrlichkeit übersehen. Lehrkräfte müssen Urteilsvermögen, Mitgefühl und Urteilsvermögen zeigen, anstatt Entscheidungen vollständig an Maschinen auszulagern. Auf diese Weise verkörpern sie genau die Integrität, die sie bei ihren Schülern fördern möchten.

Letztlich ist die Rolle der Technologie unterstützend und zweitrangig. Sie kann Unehrlichkeit aufdecken, Erwartungen klären und die Vermittlung verantwortungsvoller Wissenschaft unterstützen, aber sie kann keine integren Gemeinschaften schaffen. Die Kirche und ihre Bildungseinrichtungen müssen bedenken, dass Integrität durch Wahrhaftigkeit, Vertrauen und Verantwortlichkeit entsteht – Praktiken, die kein Algorithmus erzeugen kann. Technologie mag den Weg dorthin unterstützen, aber die Ausbildung ehrlicher, treuer Führungspersönlichkeiten gehört zum Wirken des Heiligen Geistes im Leben der Gemeinschaft.

Abschluss
Integrität als Zeugnis

Im Zeitalter der künstlichen Intelligenz ist Integrität sowohl anspruchsvoller als auch wichtiger. Es reicht nicht aus, Plagiate zu verhindern; theologische Ausbildung muss Gemeinschaften fördern, in denen Wahrheit geliebt, Vertrauen gepflegt und Integrität als Zeugnis für den Gott der Wahrheit verkörpert wird. Integrität ist nicht nur eine akademische Anforderung, sondern eine theologische Berufung. Indem sie Führungskräfte ausbildet, die Wahrhaftigkeit in Studium, Dienst und Leben verkörpern, legt theologische Ausbildung Zeugnis für das Evangelium in einer Welt voller Täuschung und Simulation ab.

Integrität als Zeugnis zu betrachten, bedeutet anzuerkennen, dass Ehrlichkeit im Unterricht untrennbar mit Ehrlichkeit auf der Kanzel, in der Seelsorge und im öffentlichen Raum verbunden ist. Die in der Bildung geförderte Gewohnheit, die Wahrheit zu sagen, prägt die Glaubwürdigkeit des christlichen Zeugnisses in der Welt. Wenn Führungskräfte der Versuchung widerstehen, das Denken an Maschinen auszulagern oder ihre Arbeit falsch darzustellen, verkörpern sie die Integrität des Evangeliums. Ihre Worte und Taten bezeugen, dass Wahrheit wichtig ist, weil Gott die Wahrheit ist, und dass Vertrauen möglich ist, weil Gott treu ist.

Dieses Zeugnis ist dringend notwendig in einer Kultur, in der Deepfakes die Realität verwischen, sich Fehlinformationen rasant verbreiten und Simulationen oft als Authentizität getarnt sind. Die Kirche kann ein gegenkulturelles Zeugnis ablegen, indem sie darauf besteht, dass

Wahrhaftigkeit nicht verhandelbar ist, selbst wenn es um Zweckmäßigkeit geht. Integrität wird zu einem Akt des Widerstands gegen die Kommerzialisierung von Wissen und die Mechanisierung von Kreativität. Sie erklärt, dass der Mensch, geschaffen nach Gottes Ebenbild, dazu berufen ist, wahrhaftig vor Gott und seinem Nächsten zu leben.

Integrität als Zeugnis hat auch eine gemeinschaftliche Dimension. Wenn Institutionen Transparenz vorleben, Lehrer Ehrlichkeit verkörpern und Schüler sich zu treuem Lernen verpflichten, bilden sie gemeinsam eine Gemeinschaft, die Gottes Wahrhaftigkeit widerspiegelt. Diese Gemeinschaft wird zum Zeichen des Reiches Gottes, in dem Vertrauen, Verantwortung und Liebe über Misstrauen und Betrug siegen. In diesem Sinne geht es bei Integrität nicht nur um individuelle Moral, sondern darum, ein Volk zu formen, dessen gemeinsames Leben auf Gottes Herrschaft hinweist.

Letztlich ist der Ruf nach Integrität im Zeitalter der künstlichen Intelligenz ein Ruf zur Jüngerschaft. Er lädt Studierende und Lehrende gleichermaßen ein, im Licht zu wandeln, die Wahrheit in Liebe zu sprechen und darauf zu vertrauen, dass der Heilige Geist Wahrheit im Inneren formt. Durch das Festhalten an Integrität verkündet die theologische Ausbildung, dass Christus (das fleischgewordene Wort) auch in einer digitalen Welt der Algorithmen und Simulationen Maßstab und Vorbild der Wahrheit bleibt. Diese Integrität zu verkörpern bedeutet, treues Zeugnis für den Gott abzulegen, der mit uns ist und uns in alle Wahrheit führt.

Kapitel 8
Liturgien der Technologie
Die Seelenbildung in digitalen Umgebungen

Einführung
Technologie als Liturgie

Jede Technologie, ob alt oder modern, dient nicht nur praktischen Bedürfnissen; sie prägt auch unsere Gewohnheiten, Wünsche und Vorstellungen. Soziale Medien, Smartphones und KI-Tools sind keine neutralen Instrumente; sie funktionieren wie kulturelle Liturgien und formen die Seele still durch wiederholte Praktiken und verkörperte Lebensmuster. Für die theologische Ausbildung besteht die Herausforderung nicht nur darin, die Funktionen der Technologie zu analysieren, sondern auch ihre prägende Kraft zu erkennen. Wie prägen digitale Werkzeuge unsere Liebe, unseren Glauben und unsere Anbetung? Wie könnte die Kirche Gegenliturgien pflegen, die unsere Sehnsüchte auf Gott ausrichten?

Dieses Kapitel untersucht die liturgischen Dimensionen der Technologie und ihre Auswirkungen auf die spirituelle Bildung. Es argumentiert, dass digitale Umgebungen als Orte der Anbetung (manchmal Gottes, oft Götzen) fungieren und dass die theologische Ausbildung den Studierenden helfen muss, diese prägenden Kräfte zu erkennen und ihnen zu widerstehen. Die Aufgabe besteht nicht darin, die Technologie aufzugeben, sondern zu erkennen, wie ihre Liturgien auf

Praktiken ausgerichtet werden können, die Glauben, Gerechtigkeit und Liebe vertiefen.

Die prägende Kraft digitaler Praktiken

Technologien liefern nicht nur Inhalte; sie gewöhnen uns an sie. Benachrichtigungen trainieren unser Verlangen nach ständiger Stimulation. Suchmaschinen konditionieren uns, sofortige Antworten zu erwarten. Soziale Medien prägen uns, unseren Wert anhand von Likes und Shares zu messen. KI-Systeme antizipieren zunehmend unsere Bedürfnisse und beeinflussen subtil unsere Entscheidungen und Wünsche. Dies sind nicht nur Werkzeuge, sondern Praktiken, die unsere Identität im Laufe der Zeit prägen.

James K. A. Smith hat kulturelle Praktiken als "säkulare Liturgien" beschrieben – Rituale, die unsere Liebe prägen und unsere Herzen auf konkurrierende Visionen vom guten Leben ausrichten. Digitale Technologien funktionieren auf diese Weise. Das Einloggen auf Plattformen, Wischen, Scrollen und liken wird zu täglichen Ritualen, die unsere Aufmerksamkeit und Hingabe lenken. Die Liturgie des Smartphones beginnt und beendet den Tag vieler Menschen und prägt den Rhythmus von Ruhe und Arbeit, Intimität und Ablenkung. Diese Praktiken prägen uns, oft tiefer, als uns bewusst ist.

Die prägende Kraft digitaler Praktiken reicht über kognitive hinaus und erstreckt sich auch auf affektive und körperliche Dimensionen. Der Dopaminschub einer Benachrichtigung, der rastlose Drang, einen Feed zu aktualisieren, die gebeugte Körperhaltung vor einem leuchtenden Bildschirm –

all dies sind verkörperte Handlungen, die, täglich wiederholt, unsere Wünsche und unser Leben prägen. Sie schulen uns, Unmittelbarkeit der Geduld, Ablenkung der Kontemplation und Effizienz der Tiefe vorzuziehen. Auf diese Weise wird Technologie zu einer Art Pädagogik, die uns Gewohnheiten des Herzens lehrt, ohne ihren Lehrplan jemals explizit zu machen.

Deshalb müssen theologische Pädagogen digitale Praktiken als spirituell bedeutsam betrachten. So wie antike Liturgien den Körper durch Knien, Singen und Schweigen trainieren, so trainieren uns digitale Liturgien durch Gesten des Wischens, Tippens und Scrollens. Die Gefahr besteht darin, dass diese Praktiken uns oft unbewusst formen und unsere Liebe so prägen, dass wir uns von Gottes Reich entfernen und uns konkurrierenden Visionen des Gedeihens zuwenden. Das Erkennen der prägenden Kraft digitaler Praktiken ist der erste Schritt, um zu erkennen, wie man ihnen widerstehen, sie neu ausrichten oder sie überwinden kann.

Götzendienst und die Versuchungen der Technologie

Die Gefahr besteht darin, dass digitale Liturgien zu Formen der Götzenanbetung werden können. Sie versprechen Verbundenheit, fördern aber Isolation, versprechen Wissen, erzeugen aber Ablenkung, versprechen Effizienz, verstärken aber Ängste. Wenn Technologie unsere Zeit, Aufmerksamkeit und Wünsche beansprucht, läuft sie Gefahr, zu einem rivalisierenden Gott zu werden. Theologen müssen diese Götzenanbetung klar benennen. Soziale Medien könnten uns zu Menschen machen, die Anerkennung anbeten; KI-Assistenten könnten uns zu Menschen machen, die Effizienz anbeten; Streaming-Dienste könnten uns zu Menschen machen, die endlosen Konsum anbeten.

Götzendienst hat nicht nur mit falschen Überzeugungen zu tun, sondern mit ungeordneter Liebe. Augustinus erinnert uns daran, dass Sünde darin besteht, minderwertige Güter mehr zu lieben als Gott. Digitale Liturgien ordnen unsere Liebe oft auf subtile Weise neu und machen Werkzeuge zu Meistern. Diese Gefahr zu erkennen, ist der erste Schritt, Technologie als Ort der Glaubensbildung statt götzendienerischer Gefangenschaft zurückzugewinnen.

Die Götzen der Technologie werden oft in die Sprache des Fortschritts gehüllt. Ständige Erreichbarkeit mache uns menschlicher, Effizienz führe zu Wohlstand und Unterhaltung bringe Ruhe. Doch hinter diesen Versprechungen verbirgt sich eine tiefere Gefangenschaft. Soziale Medien können Neid, Vergleiche und Stolz nähren. KI-gesteuerte Systeme können uns dazu verleiten, die Verantwortung für Urteilsvermögen und Weisheit abzugeben. Endloses Scrollen kann unsere Fähigkeit zum Staunen und Nachdenken trüben. Dies sind keine neutralen Nebenwirkungen; sie sind Zeichen einer Kultur der Götzenanbetung, in der unsere Hingabe vom lebendigen Gott abgelenkt und den falschen Versprechungen der Technologie zugewandt wird.

Die Heilige Schrift liefert anschauliche Bilder, um solche Versuchungen zu benennen. Wie Israels goldenes Kalb werden Technologien zu Götzen, wenn sie unser Verlangen nach Kontrolle, Sichtbarkeit oder Unmittelbarkeit verkörpern. Wie das babylonische Reich können digitale Systeme uns dazu verführen, Macht, Reichtum und Herrschaft anzubeten. Die Aufgabe der Kirche und der theologischen Ausbildung besteht darin, Studierenden und Gemeinden zu helfen, zu erkennen, wann die Technologie diese Schwelle überschritten hat, ihre Götzenanbetung aufzudecken und die Menschen zurückzurufen, den wahren Gott anzubeten.

Doch auch hier bleibt die Gnade. Indem wir Götzendienst erkennen, öffnen wir die Tür zur Reue und Neuorientierung. Technologien, die einst als falsche Götter entlarvt wurden, können als Werkzeuge in den Diensten von Gottes Mission wiedergewonnen werden. Die Herausforderung besteht nicht nur darin, Kritik zu üben, sondern auch zu erkennen, wie Praktiken des treuen Widerstands Götzendienst entlarven und unsere Liebe wieder auf den Schöpfer richten können.

Gegenliturgien
Praktiken des Widerstands und der Erneuerung
Wenn Technologien als Liturgien fungieren, muss die Kirche Gegenliturgien pflegen – bewusste Praktiken, die unsere Sehnsüchte auf Gott lenken. Die Sabbatruhe unterbricht die Liturgie der ständigen Vernetzung. Gemeinsame Mahlzeiten widerstehen der Liturgie des isolierten Konsums. Gebete vor Bildschirmen lenken die Aufmerksamkeit zurück auf Gott. Im Unterricht könnte dies bewusste Rhythmen der Stille, verkörperte Gottesdienstpraktiken oder eine

kritische Reflexion digitaler Gewohnheiten bedeuten.

Bei Gegenliturgien geht es nicht darum, Technologie gänzlich abzulehnen, sondern sie in Praktiken einzubetten, die Christus in den Mittelpunkt stellen. So unterbricht beispielsweise der Rhythmus des täglichen Gebets das endlose Scrollen durch Newsfeeds und verwurzelt die Gläubigen in Gottes Geschichte statt in der Erzählung des Algorithmus. Der Verzicht auf digitale Geräte, selbst für kurze Zeit, kann die Tiefe unserer Abhängigkeit offenbaren und unsere Sehnsucht nach Gott neu erwecken. Liturgien des Dienstes (Sorge für die Armen, Kranken oder Ausgegrenzten) richten unseren Körper und unsere Wünsche neu aus: weg vom egozentrischen Konsum und hin zur christlichen Liebe.

In der theologischen Ausbildung können Gegenliturgien in die Pädagogik integriert werden. Professoren könnten den Unterricht mit Gebet und Stille beginnen und so die Zeit als heilig und nicht nur informativ markieren. Studierende könnten aufgefordert werden, zu berichten, wie Technologie ihren Alltag prägt, gefolgt von einer gemeinsamen Reflexion darüber, wie man ungesunden Mustern widerstehen kann. Zu den Aufgaben könnten digitale Audits gehören, bei denen Studierende ihre eigenen technologischen Praktiken untersuchen und bewusste Rhythmen des Widerstands entwickeln, die die Achtsamkeit gegenüber Gott fördern.

Gottesdienst ist die wichtigste Gegenliturgie der Kirche. Die Versammlung um Wort und Tisch formt Gläubige zu Mustern der Gnade, die dem Götzendienst von Effizienz, Ablenkung und

112

Selbstdarstellung widerstehen. Wenn die Kirche treu Gottesdienst feiert, verkündet sie, dass unser Wert nicht an Likes, Produktivität oder Algorithmen gemessen wird, sondern an Gottes Liebe, die sich in Christus offenbart. Gottesdienst lehrt uns, auszuruhen, zu danken und uns als lebendiges Opfer darzubringen. Diese Praktiken formen unsere Vorstellungskraft neu und schaffen Raum für die Technologie, die dient, anstatt zu versklaven.

Letztendlich fördern Gegenliturgien die Freiheit. Sie erinnern uns daran, dass digitale Technologien uns zwar formen, aber nicht bestimmen können. Durch die Teilnahme an Praktiken, die unser Verlangen neu ausrichten, lernen Christen, in der Welt digitaler Liturgien zu leben, ohne sich ihnen anzupassen. Stattdessen werden sie durch die Erneuerung ihres Geistes verwandelt und sind in der Lage, inmitten technologischer Komplexität den Willen Gottes zu erkennen.

Die Rolle der KI in der liturgischen Ausbildung

KI verstärkt die prägende Kraft der Technologie, weil sie digitale Liturgien personalisiert. Algorithmen kuratieren Feeds, die die Aufmerksamkeit fesseln und Wünsche immer präziser formen. Empfehlungssysteme bestimmen, was wir sehen, lesen und kaufen, und verengen unseren Horizont oft eher, als ihn zu erweitern. In diesem Sinne fungiert KI als Priester digitaler Liturgien, vermittelt Werte und lenkt die Hingabe in Richtung Konsum, Ablenkung oder Kontrolle.

Was KI so einzigartig leistungsstark macht, ist ihre Anpassungsfähigkeit. Im Gegensatz zu

113

statischen Technologien lernt KI aus unserem Verhalten, erkennt Muster und lenkt sie in Richtung ihrer eigenen Ziele. Dadurch entstehen Feedbackschleifen, in denen unsere Wünsche nicht nur berücksichtigt, sondern subtil umgestaltet werden. Eine KI-gesteuerte Plattform, die unsere Bedürfnisse ständig antizipiert, kann uns mit der Zeit darauf trainieren, Unmittelbarkeit, Individualisierung und Kundenzufriedenheit als Norm zu erwarten. Dies ist eine Art spiritueller Bildung, die allerdings oft eher Marktinteressen als dem Reich Gottes dient.

KI wirft auch theologische Fragen zu Autorität und Vermittlung auf. Wenn Algorithmen bestimmen, welche Nachrichten wir sehen, welche Lieder wir hören oder welche spirituellen Ressourcen uns empfohlen werden, übernehmen sie Rollen, die einst Pfarrer, Lehrer oder geistliche Gemeinschaften innehatten. Ohne sorgfältige Reflexion kann KI zu einem unerkannten liturgischen Führer werden, der prägt, wie Menschen Wahrheit, Schönheit und Sinn erfahren. Ihre Autorität wird selten hinterfragt, da ihr Einfluss in der Bequemlichkeit verborgen bleibt.

Für die theologische Ausbildung erfordert dies gezielte Strategien der Unterscheidung. Studierende müssen lernen zu erkennen, wie KI ihre tägliche Aufmerksamkeit und ihr Verlangen beeinflusst. Dies kann bedeuten, die Algorithmen hinter den von ihnen genutzten Plattformen zu analysieren, darüber nachzudenken, wie Empfehlungssysteme ihre Vorstellungskraft beeinflussen, oder Gewohnheiten zu entwickeln, die sich der algorithmischen Kontrolle widersetzen, wie etwa die Auswahl von Quellen außerhalb kuratierter Feeds oder die Ausübung von Stille und Kontemplation.

Auch die Kirche muss herausfinden, wie sie mit KI umgehen kann, ohne ihrem prägenden Einfluss nachzugeben. Das kann bedeuten, Praktiken digitaler Unterscheidung zu fördern und Gläubigen beizubringen, zu erkennen, wann Algorithmen ihre Liebe beeinflussen. Es kann bedeuten, sich für ein ethisches Konzept einzusetzen, das der Ausbeutung von Aufmerksamkeit widersteht und die Schwachen schützt. Vor allem aber erfordert es, den Gottesdienst wieder auf Christus zu konzentrieren, der allein unsere Lieben richtig ordnen kann und die wahre Liturgie bereitstellt, die allen anderen eine neue Orientierung gibt.

Liturgische Vorstellungskraft für die theologische Ausbildung

Liturgisch über Technologie zu sprechen, bedeutet, die Vorstellungskraft wiederzuentdecken. Theologische Ausbildung muss Studierenden helfen, über die Oberfläche der Werkzeuge hinaus die Rituale und Erzählungen zu sehen, die sie verkörpern. Liturgische Vorstellungskraft lässt uns erkennen, wie Technologien Zeit, Aufmerksamkeit und Gemeinschaft prägen. Sie befähigt uns auch, Pädagogik, Gottesdienst und Seelsorge so neu zu denken, dass schädliche Liturgien durchbrochen und Praktiken treuer Präsenz gepflegt werden.

Liturgische Vorstellungskraft beginnt mit der Benennung der bereits bestehenden Praktiken. Lehrkräfte können Schülerinnen und Schüler dabei unterstützen, zu untersuchen, wie digitale

Rhythmen (Telefoncheck nach dem Aufwachen, Scrollen vor dem Schlafengehen, Multitasking während Vorlesungen) als prägende Rituale wirken. Indem sie diese Praktiken als Liturgien benennen, enthüllen Pädagoginnen und Pädagogen ihre spirituelle Bedeutung und regen Schülerinnen und Schüler dazu an, kritisch darüber nachzudenken, wie ihre Liebe geprägt wird. Dieses Erkennen durchbricht die Illusion der Neutralität und definiert Alltagsgewohnheiten als Orte der Jüngerschaft.

Doch liturgische Imagination ist nicht nur dekonstruktiv, sondern auch konstruktiv. Sie befähigt theologische Pädagogen, Lehrpläne, Gottesdienste und ein Gemeinschaftsleben zu gestalten, die die Studierenden gezielt durch alternative Praktiken prägen. Im Unterricht könnte dies die Integration von Gebet, Stille und leibhaftigen Ritualen in Vorlesungen und Diskussionen beinhalten. Dazu könnten auch Angebote für Service-Learning gehören, die die Bildung in Taten der Gerechtigkeit und Barmherzigkeit verankern, oder Erzählpraktiken, die theologische Reflexion mit gelebter Erfahrung verbinden. Diese Gegenliturgien fördern die Aufmerksamkeit für Gottes Gegenwart und orientieren die Studierenden auf das Reich Gottes.

Liturgische Vorstellungskraft prägt auch den Umgang von Pädagogen mit Technologie. Anstatt digitale Tools abzulehnen oder unkritisch zu akzeptieren, können Lehrkräfte erkennen, wie sie ihren Einsatz in umfassendere Gestaltungsprozesse einbetten können. Beispielsweise könnte ein Professor Studierende ermutigen, KI-Tools zur Forschungsunterstützung zu nutzen, gleichzeitig

116

aber auch Reflexionstagebücher verlangen, die untersuchen, wie die Nutzung dieser Tools ihr Denken prägt. Im Gottesdienst könnten Gemeinden Gottesdienste live streamen, diese aber mit gezielten Zusammenkünften verbinden, die die gelebte Gemeinschaft betonen. Ziel ist es, Technologie in Praktiken einzubetten, die Gottes Geschichte in den Mittelpunkt stellen.

Letztlich ermöglicht liturgische Vorstellungskraft der theologischen Ausbildung, jede pädagogische Entscheidung als prägend zu betrachten. Wie ein Unterricht beginnt, wie Aufgaben strukturiert sind, wie Technologie integriert wird – jede Entscheidung prägt das Leben und den Gottesdienst. Wenn Pädagogen diese Vision annehmen, werden sie sowohl zu liturgischen Leitern als auch zu intellektuellen Führern und helfen den Schülern nicht nur zu erkennen, was sie denken sollen, sondern auch, wie sie als Anbeter Gottes in einer digitalen Welt leben können.

Abschluss
Gottesanbetung im digitalen Zeitalter

Letztlich stellt sich nicht die Frage, ob wir von digitalen Liturgien geprägt werden, sondern welche Liturgien uns prägen werden. Die Technologie wird weiterhin Zeit, Aufmerksamkeit und Verlangen strukturieren; die Herausforderung besteht darin, ob diese Strukturen uns zu Götzen oder zu Gott führen. Die Aufgabe der Kirche besteht darin, falsche Liturgien zu entlarven und wahre Anbetung zu verkörpern, die Hingabe unseres Lebens an Gott in Christus.

Gott im digitalen Zeitalter anzubeten, bedeutet zu bekennen, dass kein Algorithmus, keine Plattform und kein Gerät unsere absolute Treue erringen kann. Es bedeutet, den falschen Göttern der Effizienz, der Anerkennung und des Konsums zu widerstehen und zu bekräftigen, dass unsere tiefste Identität in der Gemeinschaft mit Gott und unserem Nächsten liegt. Anbetung erinnert uns daran, dass wir nicht durch Produktivität oder Popularität definiert werden, sondern durch die Liebe Gottes, die in Christus ausgegossen und durch den Heiligen Geist gegenwärtig gemacht wird.

Diese Vision erfordert, dass die theologische Ausbildung Führungspersönlichkeiten ausbildet, die Gemeinden mit Urteilsvermögen und Mut durch die Komplexität des digitalen Lebens führen. Solche Führungspersönlichkeiten werden nicht nur technologische Götzenbilder kritisieren, sondern auch alternative Praktiken verkörpern, die von Gottes Reich zeugen. Sie werden den Gemeinden beibringen, wie man trotz Ablenkung betet, wie man trotz der Anforderungen der Konnektivität Ruhe findet und wie man einander auf eine Weise liebt, die über die oberflächlichen Verbindungen der digitalen Kultur hinausgeht.

Gott im digitalen Zeitalter anzubeten, erfordert auch Hoffnung. Die Allgegenwärtigkeit der Technologie kann uns zur Verzweiflung verleiten, doch der christliche Glaube verkündet, dass keine kulturelle Kraft überragend ist. Christus ist Herr über alle Bereiche, auch über die digitalen. Der Geist wirkt auch in medialen Räumen, ruft Menschen zum Glauben und formt sie zu Gemeinschaften der Gnade. Diese Gewissheit befähigt die Kirche, weder ängstlich vor der Technologie zu fliehen noch sie unkritisch anzunehmen, sondern sie mit Urteilsvermögen, Kreativität und Treue zu leben.

Durch die Pflege von Gegenliturgien trägt die theologische Ausbildung dieser Berufung Rechnung. Indem sie Studierenden hilft, die prägende Kraft digitaler Praktiken zu erkennen, Götzendienst zu widerstehen und Praktiken anzunehmen, die die Liebe zu Gott ordnen, befähigt sie Führungskräfte, Gemeinden im digitalen Zeitalter treu zu leiten. Auf diese Weise wird die Pädagogik selbst liturgisch: eine Teilhabe am Werk des Geistes, Herz und Verstand für die Anbetung des lebendigen Gottes zu formen. Anbetung im digitalen Zeitalter bedeutet, mit unserem Leben zu verkünden, dass Christus, nicht die Technologie, derjenige ist, der alles zusammenhält und allein unserer Hingabe würdig ist.

Kapitel 9
Die Rolle der KI in der theologischen Forschung und Wissenschaft erkennen

Einführung
Ein neuer Partner bei der Untersuchung

Die theologische Forschung nutzte schon immer die Werkzeuge ihrer Zeit: Schriftrollen, Kodizes, Druckmaschinen und digitale Datenbanken. Künstliche Intelligenz stellt das neueste und vielleicht revolutionärste dieser Werkzeuge dar. Mit ihrer Fähigkeit, riesige Datensätze zu analysieren, komplexe Argumente zusammenzufassen und sogar originell erscheinende Erkenntnisse zu generieren, entwickelt sich KI zu einem potenziellen Partner in der theologischen Forschung. Doch diese Partnerschaft wirft drängende Fragen auf: Kann KI wirklich dabei helfen, göttliche Wahrheit zu erkennen? Wie sollten Wissenschaftler mit den Versprechungen und Gefahren algorithmischer Unterstützung umgehen? Welche Grenzen und Schutzmaßnahmen sind notwendig, um sicherzustellen, dass KI der theologischen Forschung dient, anstatt sie zu verzerren?

Dieses Kapitel untersucht die Rolle von KI in der theologischen Forschung und beleuchtet sowohl ihre Möglichkeiten als auch ihre Risiken. Es argumentiert, dass KI zwar die Wissenschaft unterstützen kann, indem sie den Zugang erweitert, Analysen beschleunigt und neue

Untersuchungsmethoden ermöglicht, sie aber mit Urteilsvermögen eingesetzt werden muss. Theologische Forschung, die auf Wahrheit, Verantwortlichkeit und spiritueller Weisheit basiert, kann nicht an Maschinen ausgelagert werden. Stattdessen muss KI als Werkzeug verstanden werden, das menschliche Forschung unterstützt und gleichzeitig theologischer und ethischer Reflexion unterliegt.

KI als Werkzeug für die Forschung

KI bietet bemerkenswerte Möglichkeiten für die theologische Forschung. Die Verarbeitung natürlicher Sprache ermöglicht es Wissenschaftlern, die Heilige Schrift in verschiedenen Sprachen und Traditionen mit beispielloser Geschwindigkeit zu analysieren. Maschinelles Lernen kann Muster in riesigen Korpora von Predigten, theologischen Texten oder liturgischen Praktiken erkennen. Generative KI kann Gliederungen vorschlagen, Zusammenhänge aufzeigen oder vergleichende Perspektiven eröffnen, die neue Forschungsansätze eröffnen. Diese Werkzeuge demokratisieren den Zugang und ermöglichen es Wissenschaftlern ohne umfangreiche Bibliotheken, Ressourcen zu nutzen, die früher nur Elite-Institutionen vorbehalten waren.

KI kann auch den interdisziplinären Dialog erleichtern. Theologische Reflexion überschneidet sich zunehmend mit Bereichen wie Neurowissenschaften, Soziologie und Umweltwissenschaften. KI-Tools können bei der Synthese von Daten aus diesen Disziplinen helfen und es Theologen ermöglichen, ihre Erkenntnisse in den Dialog mit einem breiteren menschlichen Wissen einzubringen. Klug eingesetzt, kann KI den Umfang theologischer Forschung erweitern und die Zusammenarbeit über Disziplinen und Kontexte hinweg fördern.

Neben der Effizienz bietet KI das Potenzial, für das menschliche Auge unsichtbare Muster aufzudecken. Text-Mining-Algorithmen können wiederkehrende Motive in Jahrhunderten theologischer Schriften hervorheben und so verborgene Verbindungen zwischen Traditionen und Stimmen aufdecken. Von KI generierte Visualisierungen können die Verbreitung theologischer Konzepte über Zeit und Geografie hinweg abbilden und so historische und vergleichende Studien bereichern. Diese Erkenntnisse ersetzen zwar nicht die genaue Lektüre, können sie aber bereichern und neue Fragen und eine tiefere Auseinandersetzung anregen.

KI kann auch praktische Funktionen erfüllen, die Wissenschaftlern Freiraum für die Reflexion auf höherer Ebene geben. Die Automatisierung bibliografischer Recherchen, die Übersetzung von Texten oder die Zusammenfassung von Sekundärliteratur können Einstiegshürden senken, insbesondere für Studierende und Forschende in ressourcenarmen Umgebungen. Auf diese Weise kann KI als eine Art Forschungsassistent fungieren – effizient und weitreichend, erfordert aber stets Aufsicht und kritische Bewertung.

Im besten Fall wird KI zu einem Partner, der die menschliche Kreativität verstärkt, anstatt sie zu ersetzen. Theologische Forschung, die auf Glauben und Tradition basiert, erfordert Vorstellungskraft, Urteilsvermögen und Unterscheidungsvermögen –

Fähigkeiten, die dem Menschen eigen sind. Durch die Übernahme bestimmter Skalierungs- und Syntheseaufgaben kann KI den Wissenschaftlern Raum geben, sich stärker der Interpretation, Reflexion und dem Gebet zu widmen. Auf diese Weise kann KI der Wissenschaft dienen und gleichzeitig den tieferen Zielen der Theologie klar untergeordnet bleiben.

Risiken der Auslagerung theologischen Denkens
Doch diese Möglichkeiten bergen erhebliche Risiken. Die größte Gefahr besteht nicht darin, dass KI für uns denkt, sondern dass wir es zulassen. Wenn sich Wissenschaftler zu sehr auf KI verlassen, um Texte zusammenzufassen, Argumente zu identifizieren oder Ideen zu entwickeln, laufen sie Gefahr, die intellektuelle und spirituelle Arbeit auszulagern, die für die Theologie unerlässlich ist. Theologische Forschung besteht nicht nur darin, Informationen zu produzieren, sondern sich in Gemeinschaft, Gebet und Reflexion mit Gottes Wahrheit auseinanderzusetzen. KI kann weder beten noch glauben noch Zeugnis ablegen. Sie kann theologische Diskurse simulieren, aber sie kann nicht den Glauben verkörpern, der Theologie ermöglicht.
Es besteht zudem die Gefahr von Verzerrungen. KI-Systeme werden anhand vorhandener Daten trainiert, was bedeutet, dass sie Verzerrungen, Lücken und Fehler reproduzieren, die in ihren Quellen stecken. In der theologischen Forschung könnte dies dazu führen, dass bestimmte Traditionen verstärkt und andere marginalisiert werden oder fehlerhafte Interpretationen unkritisch fortbestehen. Ohne sorgfältiges Urteilsvermögen

könnten Wissenschaftler KI-generierte Zusammenfassungen für objektive Wahrheit halten, obwohl diese in Wirklichkeit auf verborgenen Annahmen und Einschränkungen beruhen.

Eine weitere Gefahr liegt in der schleichenden Erosion intellektueller Tugenden. Theologie erforderte schon immer Geduld, Demut und Ausdauer – Tugenden, die durch die langsame Arbeit des Lesens, Nachdenkens und Dialogs kultiviert wurden. Wenn Wissenschaftler sich für schnelle Antworten an KI wenden, riskieren sie, genau die Gewohnheiten zu verlieren, die theologische Weisheit ausmachen. Spontane Zusammenfassungen können sorgfältige Exegese ersetzen, algorithmische Übersichten können die Aufmerksamkeit für Nuancen verringern und maschinell generierte Argumente können die Stringenz wissenschaftlicher Debatten schwächen. Das Ergebnis kann ein Anschein von Raffinesse ohne das Wesentliche an Verständnis sein.

Auch die gemeinschaftliche Dimension der Theologie ist gefährdet. Historisch gesehen erfolgte theologische Reflexion im Dialog mit lebendigen Glaubensgemeinschaften durch Konzile, Debatten, Korrespondenz und gemeinsame Gottesdienste. Wenn KI zum wichtigsten Partner in der Forschung wird, besteht die Gefahr, dass die Wissenschaft isoliert und von der gelebten Praxis der Kirche losgelöst wird. Theologisches Denken läuft Gefahr, auf Datenverarbeitung reduziert zu werden, statt ein Akt gemeinschaftlicher, vom Heiligen Geist geleiteter Unterscheidung zu sein.

Schließlich besteht ein spirituelles Risiko. Das Vertrauen auf KI kann subtil Stolz oder Götzendienst

125

fördern und Wissenschaftler dazu verleiten, auf technologische Macht, statt auf göttliche Weisheit zu vertrauen. Wenn Effizienz und Produktivität zu höchsten Werten werden, geraten die kontemplativen und andächtigen Dimensionen der Theologie möglicherweise in den Hintergrund. Die theologische Ausbildung muss daher der Verlockung des Outsourcings widerstehen, indem sie Wissenschaftler daran erinnert, dass wahre Weisheit nicht hergestellt, sondern nur in Demut vor Gott empfangen werden kann.

Theologische Unterscheidung in der Forschungspraxis

Der Schlüssel liegt also in Urteilsvermögen. Die theologische Forschung muss Praktiken etablieren, die KI ihren angemessenen Platz einräumen. Dazu gehört Transparenz: Wissenschaftler sollten offenlegen, wann und wie KI-Tools eingesetzt werden. Dazu gehört Rechenschaftspflicht: KI-generierte Inhalte müssen kritisch bewertet, anhand von Primärquellen geprüft und unter Berücksichtigung von Tradition und Gemeinschaft interpretiert werden. Und dazu gehört Demut: KI kann zwar bei der Informationsverarbeitung helfen, die tiefere Aufgabe der Weisheit obliegt jedoch menschlichen Gemeinschaften, die vom Heiligen Geist geleitet werden.

Urteilsvermögen erfordert auch Aufmerksamkeit für die Ausbildung. Theologische Forschung dient nicht nur der Wissensgenerierung, sondern auch der Ausbildung von Wissenschaftlern zu Menschen der Wahrheit, Gerechtigkeit und Liebe.

Wenn die Abhängigkeit von KI-Geduld, Aufmerksamkeit oder die intensive Auseinandersetzung mit Texten beeinträchtigt, wirkt sich ihr Einsatz spirituell deformierend aus. Wird KI hingegen eingesetzt, um Zeit für tieferes Studium, Reflexion und Gebet freizumachen, kann sie der Ausbildung von Wissenschaftlern auf treue Weise dienen.

Dieses Urteilsvermögen muss sowohl individuell als auch gemeinschaftlich gefördert werden. Individuell können Wissenschaftler langsames Lesen, kontemplatives Studium und andächtige Reflexion praktizieren, um der Geschwindigkeit und Effizienz der KI entgegenzuwirken. Gemeinsam können Fakultäten und Forschungsgemeinschaften Normen der Verantwortlichkeit etablieren und Räume schaffen, in denen die ethischen und theologischen Auswirkungen des KI-Einsatzes offen diskutiert werden. Solche Praktiken stellen sicher, dass KI nicht isoliert, sondern in das Leben von Kirche und Wissenschaft integriert wird.

Die Heilige Schrift bietet ein Modell für diese Haltung der Unterscheidung. Paulus ermahnt die Thessalonicher: "Prüft alles und behaltet das Gute." Auf KI angewendet bedeutet dies, Technologie weder rundweg abzulehnen noch unkritisch zu akzeptieren, sondern sie einer theologischen Prüfung zu unterziehen. Was Wahrheit, Gerechtigkeit und Liebe fördert, kann akzeptiert werden; was verzerrt oder ablenkt, muss abgelehnt werden. Dieser biblische Rahmen bietet Wissenschaftlern, die KI in ihrer Arbeit einsetzen, sowohl Freiheit als auch Verantwortung.

Letztlich geht es bei der Urteilsfindung darum, Christus im Mittelpunkt der Wissenschaft zu behalten. KI mag Worte verarbeiten, aber nur Christus ist das Wort. KI mag Zusammenhänge aufzeigen, aber nur der Heilige Geist schenkt Weisheit. Indem sie die Urteilsfindung im Gebet und in theologischer Reflexion verankern, können Wissenschaftler sicherstellen, dass KI der Forschung dient, ohne die tiefere Berufung der Theologie zu verdrängen: Verständnis in den Diensten des Glaubens zu suchen.

Implikationen für die theologische Ausbildung

Der Aufstieg der KI erfordert, dass Seminare und theologische Einrichtungen ihre Studierenden auf Forschungspraktiken vorbereiten, die Urteilsvermögen und Integrität vereinen. Dies kann bedeuten, den Studierenden den verantwortungsvollen Umgang mit KI-Tools, die kritische Bewertung von Ergebnissen und die Reflexion ihrer theologischen und ethischen Implikationen beizubringen. Es kann auch bedeuten, langsames Lesen, kontemplatives Lernen und gemeinschaftliches Interpretieren zu fördern, um dem Druck zu widerstehen, das Denken an Maschinen auszulagern.

Lehrpläne müssen angepasst werden, um die explizite Auseinandersetzung mit KI zu ermöglichen. Kurse in theologischer Methode, Bibelwissenschaften oder Ethik können Module enthalten, die sich mit den Chancen und Gefahren von KI in der Forschung befassen. Praktische Schulungen in digitaler Kompetenz können

Studierenden helfen, die Funktionsweise von Algorithmen, ihre Grenzen und die Frage nach ihren Ergebnissen zu verstehen. Durch die Integration von KI-Bewusstsein in den Lehrplan stellen Institutionen sicher, dass Studierende nicht naiv oder unvorbereitet bleiben.

Ebenso wichtig ist die Entwicklung spiritueller und intellektueller Tugenden. Geduld, Demut, Aufmerksamkeit und Mut sind erforderlich, um der Versuchung der Bequemlichkeit und Oberflächlichkeit zu widerstehen. Programme zur spirituellen Bildung können Studierenden helfen, ihre Forschungspraxis mit ihrer Jüngerschaft zu verbinden und Integrität in der Wissenschaft als Teil ihrer Berufung zur Heiligkeit zu begreifen. Exerzitien, Mentoring und gemeinsame Gebetspraktiken können Raum für gemeinschaftliche Urteilsbildung bieten und sicherstellen, dass die Charakterbildung mit der Entwicklung von Fähigkeiten einhergeht.

Institutionen müssen auch im eigenen KI-Einsatz Integrität vorleben. Transparenz über den KI-Einsatz in Lehre, Verwaltung und Leistungsbewertung vermittelt den Studierenden, dass die Hochschule selbst Ehrlichkeit und Verantwortlichkeit verpflichtet ist. Indem sie das Gelernte in die Praxis umsetzen, können Institutionen die Möglichkeit eines verantwortungsvollen Umgangs mit Technologie erleben.

Schließlich muss die theologische Ausbildung die moralische Vorstellungskraft fördern. Studierende müssen KI nicht nur kritisch betrachten, sondern sich auch vorstellen, wie sie kreativ zum Wohle der Kirche und des Gemeinwohls eingesetzt werden kann. Dazu könnten Projekte gehören, die untersuchen, wie KI die kontextuelle Theologie unterstützen, marginalisierte Gemeinschaften fördern oder den Zugang zu Ressourcen in unterversorgten Regionen erweitern kann. Ein solches konstruktives Engagement befähigt Studierende, KI nicht nur als Bedrohung, sondern als Feld für integrative Innovation zu begreifen.

Abschluss
Weisheit jenseits des Algorithmus
KI wird zweifellos die Zukunft der theologischen Forschung prägen. Die Frage ist nicht, ob sie eingesetzt wird, sondern wie. Die Herausforderung für Theologen besteht darin, KI als Werkzeug zu nutzen, ohne sich ihr als Meister zu unterwerfen, ihre Fähigkeiten zu nutzen, ohne die spirituelle und intellektuelle Arbeit der Theologie auszulagern. Weisheit, nicht Effizienz, muss das Leitprinzip sein.

Weisheit geht über technisches Können oder das Ansammeln von Daten hinaus. Sie ist die Fähigkeit, zu erkennen, was im Licht von Gottes Offenbarung gut, wahr und schön ist. KI kann Zusammenfassungen, Korrelationen und Vorhersagen erstellen, aber sie kann keine Weisheit bieten. Sie kann uns nicht lehren, wie wir Gott und unseren Nächsten lieben, wie wir treu in der Gemeinschaft leben oder wie wir das Evangelium in einer zerbrochenen Welt verkörpern. Nur Menschen, geleitet vom Heiligen Geist und geprägt von der

Heiligen Schrift und der Tradition, können diese tiefere Arbeit der Unterscheidung leisten.

Aus diesem Grund muss KI stets der übergeordneten Aufgabe der Theologie untergeordnet bleiben. Sie kann zwar beim Sammeln von Informationen oder beim Aufzeigen von Zusammenhängen helfen, kann aber die Praktiken des Gebets, des Dialogs und des sorgfältigen Studiums, mit denen Theologen nach Verständnis suchen, nicht ersetzen. Wer algorithmische Ergebnisse mit Weisheit verwechselt, verwechselt Mittel mit Zweck, Information mit Wahrheit und Analyse mit Offenbarung.

Die Schlussfolgerung ist daher ein Aufruf zu Demut und Verantwortung. Theologen müssen der KI mit Dankbarkeit für ihre Fähigkeiten und Vorsicht gegenüber ihren Grenzen begegnen. Sie müssen ihren Einsatz transparent gestalten, sie kritisch bewerten und bewusst darauf achten, dass ihre Präsenz die intellektuellen und spirituellen Tugenden, die die Theologie erfordert, nicht untergräbt. Vor allem müssen sie Christus (das fleischgewordene Wort) im Mittelpunkt ihrer Forschung behalten.

Letztlich ist die theologische Wissenschaft nicht nur ihren akademischen Kollegen, sondern auch Gott und der Kirche gegenüber rechenschaftspflichtig. Diese Verantwortung erfordert ein Bekenntnis zu Wahrheit, Gerechtigkeit und Liebe, das keine Maschine nachahmen kann. Indem Theologen die Rolle der KI sorgfältig erkennen, können sie ihre Vorteile nutzen und sich gleichzeitig vor ihren Gefahren schützen. So stellen sie sicher, dass die Wissenschaft im lebendigen Wort

131

verwurzelt bleibt. Damit bezeugen sie, dass Weisheit mehr ist als Daten und dass Theologie im Kern eine vom Geist geleitete Suche nach Gott ist – eine Reise, die kein Algorithmus vollenden kann.

Kapitel 10
Neugestaltung des theologischen Lehrplans für das KI-Zeitalter

Einführung
Der Lehrplan am Scheideweg

Die theologische Ausbildung steht an einem kritischen Punkt. Jahrhundertelang wurden die Lehrpläne von den Bedürfnissen der Kirche, den Erwartungen der Kultur und den Ressourcen der Wissenschaft geprägt. Künstliche Intelligenz bringt heute neue Herausforderungen und Chancen mit sich, die eine Umgestaltung der Lehrpläne erfordern. Theologische Ausbildung kann sich nicht länger nur auf die Vermittlung von Inhalten oder die Bewahrung von Traditionen konzentrieren; sie muss Führungskräfte ausbilden, die KI als Teil ihres Dienstes und ihrer Wissenschaft verstehen, kritisch hinterfragen und einsetzen können. Der Lehrplan muss neu konzipiert werden, um Jünger und Führungskräfte für eine Welt auszubilden, in der KI eine immer entscheidendere Rolle spielen wird.

Dieses Kapitel untersucht, wie theologische Lehrpläne für das KI-Zeitalter umgestaltet werden könnten. Es argumentiert, dass es nicht nur darum geht, ein oder zwei Kurse zum Thema Technologie hinzuzufügen, sondern technologisches Bewusstsein, kritische Reflexion und spirituelle Bildung in die gesamte Ausbildung zu integrieren. Auf diese Weise kann die theologische Ausbildung Führungskräfte hervorbringen, die in einer von KI geprägten Welt Weisheit, Gerechtigkeit und Hoffnung verkörpern.

Curriculare Integration des KI-Studiums

Ein neu konzipierter Lehrplan beginnt mit der gezielten Integration von KI-Studien in die theologische Ausbildung. Das bedeutet nicht, Seminare in Fachhochschulen zu verwandeln, aber es erfordert, den Studierenden die nötigen Kenntnisse zu vermitteln, um zu verstehen, wie KI funktioniert, wie sie die Gesellschaft prägt und welche Schnittstellen sie zur Theologie hat. Kurse in Ethik, Pastoraltheologie und Bibelwissenschaften können Module zu KI enthalten, die ihre Auswirkungen auf Gerechtigkeit, Seelsorge und Interpretation untersuchen.

Ein Ethikkurs könnte beispielsweise Fallstudien zu algorithmischer Verzerrung untersuchen und fragen, wie sich das christliche Engagement für Gerechtigkeit und die Bevorzugung der Armen auf technologische Ungleichheit auswirken. Ein Pastoraltheologiekurs könnte untersuchen, wie KI-Kommunikation, Beratung und Gemeindebildung verändert, während ein Bibelstudienkurs sich damit auseinandersetzen könnte, wie KI-Tools die Interpretation sowohl unterstützen als auch verzerren können. Indem diese Gespräche in den Lehrplan integriert werden, lernen die Studierenden, KI nicht als isoliertes Thema zu betrachten, sondern als eine Realität, die jeden Aspekt theologischer Reflexion und Seelsorge berührt.

Integration erfordert auch pädagogisches Augenmerk. Lehrende sollten nicht nur über KI sprechen, sondern auch eine bewusste Auseinandersetzung damit vorleben. Dies könnte beispielsweise die Demonstration KI-gestützter Forschung und gleichzeitige Kritik ihrer Grenzen umfassen oder Studierende dazu auffordern, menschliche und KI-generierte Interpretationen eines Bibeltextes zu vergleichen. Aufgaben könnten Studierende dazu auffordern, über ihre eigenen Erfahrungen mit digitalen Werkzeugen nachzudenken und zu erkennen, wie diese Technologien ihre Studien,- Gebets- und Gottesdienstpraxis prägen. Auf diese Weise wird KI nicht nur zum Studienfach, sondern auch zum Kontext der Bildung.

Die curriculare Integration sollte über einzelne Kurse hinausgehen und sich auch auf institutionelle Strukturen erstrecken. Seminare könnten Zertifikatsprogramme in Theologie und Technologie entwickeln, Kolloquien zu KI und Glauben veranstalten oder mit Kirchen zusammenarbeiten, um die pastoralen Auswirkungen von KI auf das Gemeindeleben zu erforschen. Die institutionelle Verankerung von KI-Studien signalisiert, dass die theologische Ausbildung ihre Verantwortung ernst nimmt, Führungskräfte für den Dienst in einer technologisch geprägten Welt auszubilden.

Interdisziplinäre Zusammenarbeit

Die theologische Ausbildung muss auch interdisziplinäre Zusammenarbeit fördern. KI ist nicht nur ein technisches Thema, sondern auch eine kulturelle, soziale und spirituelle Kraft. Die Zusammenarbeit mit Fachbereichen wie Informatik,

Soziologie, Psychologie, Wirtschaftswissenschaften und Recht kann die theologische Reflexion bereichern und Studierende auf den Dienst in komplexen Kontexten vorbereiten. Gemeinsame Kurse, Gastvorträge und Partnerschaften mit anderen Institutionen können den Horizont der Studierenden erweitern und Demut angesichts technologischer Komplexität fördern.

Eine solche Zusammenarbeit positioniert die theologische Ausbildung auch als wichtigen Gesprächspartner in öffentlichen Debatten über KI. Allzu oft wird der technologische Diskurs von Stimmen dominiert, die theologische und ethische Bedenken ignorieren. Durch den interdisziplinären Dialog können Seminare charakteristische Beiträge leisten, die auf christlicher Weisheit basieren und sicherstellen, dass die moralischen und spirituellen Dimensionen der KI nicht vernachlässigt werden. So können Theologen beispielsweise aufzeigen, wie sich Fragen der Würde, der Gemeinschaft und der eschatologischen Hoffnung mit Fragen der algorithmischen Voreingenommenheit, des Datenschutzes und der Automatisierung überschneiden.

Die Zusammenarbeit bietet zudem Möglichkeiten für praxisorientiertes Lernen. Studierende könnten gemeinsam mit Informatikern erforschen, wie Werte in Code eingebettet sind, oder mit Soziologen untersuchen, wie KI menschliche Beziehungen und Arbeit prägt. Diese Erfahrungen ermöglichen es Theologiestudierenden zu erkennen, dass Theologie keine isolierte Disziplin ist, sondern die umfassendere menschliche Suche nach Sinn und Gerechtigkeit anspricht und von ihr lernt.

Schließlich erinnert interdisziplinäres Engagement die Studierenden daran, dass Weisheit gemeinschaftlich ist. Kein einzelnes Fachgebiet kann die Auswirkungen von KI vollständig erfassen. Indem Theologiestudierende lernen, fachübergreifend zuzuhören, Fragen zu stellen und zu kommunizieren, üben sie die Demut und Offenheit, die für den Dienst in einer pluralistischen Welt notwendig sind. Interdisziplinäre Zusammenarbeit wird so nicht nur zu einer akademischen Strategie, sondern zu einer prägenden Praxis, die Führungskräfte hervorbringt, die KI sowohl theologisch fundiert als auch kulturell bewusst einsetzen können.

Ausbildung zur Unterscheidung

Im Mittelpunkt des Lehrplans muss die Ausbildung von Urteilsvermögen stehen. Studierende benötigen mehr als nur Informationen über KI; sie brauchen die spirituellen und moralischen Ressourcen, um deren Herausforderungen mutig zu meistern. Dies erfordert die Integration von Gebets-, Gottesdienst- und Gemeinschaftspraktiken in den Lehrplan. Dabei müssen die Studierenden daran erinnert werden, dass es in der theologischen Ausbildung letztlich darum geht, Christus zu folgen, und nicht nur um die Beherrschung von Inhalten.

Die Ausbildung zur Urteilsfähigkeit bedeutet die Entwicklung von Tugenden wie Demut, Geduld, Gerechtigkeit und Hoffnung – Tugenden, die durch die technologische Kultur oft untergraben werden. Die Kurse können Reflexionsübungen, digitale Überprüfungen der eigenen technologischen

Gewohnheiten der Studierenden und Möglichkeiten zur gemeinsamen Urteilsfähigkeit über den Einsatz von KI im Dienst beinhalten. Diese Übungen helfen den Studierenden zu erkennen, dass Urteilsfähigkeit keine einmalige Entscheidung ist, sondern eine fortlaufende Lebensführung, die von der Achtsamkeit gegenüber dem Heiligen Geist geprägt ist.

Urteilsvermögen erfordert auch, dass Studierende die spirituelle Dynamik der Technologie erkennen. Dazu gehört, sie zu schulen, Fragen zu stellen wie: Welche Wünsche weckt diese Technologie? Welche Annahmen über Menschen und Gott vermittelt sie? Wer profitiert und wer leidet unter ihrer Nutzung? Indem Pädagogen diese Fragen in ihren Unterricht und ihre Ausbildung einbetten, vermitteln sie den Studierenden, sich nicht nur ethisch, sondern auch theologisch mit Technologie auseinanderzusetzen.

Mentoring und Gemeinschaft spielen ebenfalls eine wichtige Rolle. Urteilsvermögen wird durch geteilte Weisheit, Dialog und Verantwortungsbewusstsein erlernt. Lehrkräfte, Pfarrer und Mitstudierende können Studierende begleiten und ihnen zeigen, wie Glaube, Ethik und Technologie in konkrete Entscheidungen integriert werden können. Exerzitien, Kleingruppen und spirituelle Begleitung bieten Raum für tiefere Reflexion und ermöglichen es den Studierenden, ihre Erfahrungen in der Gemeinschaft zu verarbeiten.

Letztlich zielt die Ausbildung zur Urteilskraft darauf ab, Führungskräfte hervorzubringen, die Gemeinden mit Weisheit und Mut leiten können. In einem Zeitalter des rasanten technologischen

Wandels benötigen Kirchen und Gemeinden Pfarrer und Theologen, die Menschen dabei unterstützen, fundierte Entscheidungen über den Einsatz von KI in Gottesdienst, Bildung, Seelsorge und Mission zu treffen. Durch die Ausbildung der Studierenden zur Urteilskraft stellt die theologische Ausbildung sicher, dass Führungskräfte nicht von technologischen Strömungen mitgerissen werden, sondern in Christus verwurzelt sind, die Geister prüfen und am Guten festhalten können.

Praktische Fähigkeiten für den Dienst in einer digitalen Welt

Theologische Tiefe und spirituelle Ausbildung stehen im Mittelpunkt, doch benötigen Studierende auch praktische Fähigkeiten für den Dienst in einer digitalen Welt. Dazu gehören Kompetenzen in digitaler Kommunikation, Kenntnisse über KI-gestützte Tools für Verwaltung und Seelsorge sowie die Fähigkeit, Gemeinden durch ethische und spirituelle Fragen zu führen, die die Technologie aufwirft. Eine Ausbildung in diesen Bereichen stellt sicher, dass Absolventen nicht nur über KI nachdenken, sondern auch in der Lage sind, sie in ihrem Dienst praktisch einzusetzen.

Praktische Ausbildung sollte nicht als technische Meisterleistung, sondern als seelsorgerische Aufmerksamkeit verstanden werden. So kann beispielsweise das Erlernen des Einsatzes von KI-Tools zur Sprachübersetzung der Mission der Gastfreundschaft und Inklusion dienen. Das Verständnis von Social-Media-Algorithmen kann Pfarrern helfen, Gemeinden durch Probleme mit digitaler Sucht, Polarisierung oder

Fehlinformationen zu führen. Die Entwicklung grundlegender Kenntnisse in Datenethik kann Führungskräfte befähigen, gefährdete Gemeinschaften vor Ausbeutung und Informationsmissbrauch zu schützen. In jedem Fall ist das Ziel nicht Effizienz um ihrer selbst willen, sondern der Dienst an Gottes Volk.

Die Studierenden sollten auch mit KI-Anwendungen vertraut gemacht werden, die den Gottesdienst bereits heute neugestalten, wie etwa Chatbots für die kirchliche Kommunikation, datengestützte Analysen der Gemeindebedürfnisse oder digitale Tools für hybride Gottesdienste. Indem sie sowohl die Möglichkeiten als auch die Fallstricke dieser Tools erkunden, lernen die Studierenden, Technologie kritisch zu nutzen und in den Gottesdienst zu integrieren, ohne dass sie den Vorrang von Präsenz, Gebet und persönlicher Fürsorge in den Schatten stellt.

Workshops und Praktika bieten Gelegenheit zur praktischen Auseinandersetzung. Studierende können beispielsweise mit der Erstellung digitaler Inhalte für Gottesdienste experimentieren, die Seelsorge über Online-Plattformen üben oder die ethischen Aspekte des kirchlichen Datenmanagements analysieren. Diese Erfahrungen helfen ihnen, theologische Überlegungen in praktisches Wissen umzusetzen und befähigen sie, Gemeinschaften zu unterstützen, die bereits tief in technologische Systeme verstrickt sind.

Letztlich müssen praktische Fähigkeiten immer mit theologischen Zielen verknüpft sein. Ziel ist nicht die Ausbildung von Pastoren, die Experten für Programmieren oder maschinelles Lernen sind, sondern von Hirten, die Technologie treu nutzen und erkennen, wann sie eingesetzt werden sollte, wann sie sich ihr widersetzen sollte und wie Christus im Mittelpunkt des Dienstes bleibt. Durch die Verankerung der praktischen Ausbildung in theologischer Reflexion stellt der Lehrplan sicher, dass Absolventen darauf vorbereitet sind, in einer digitalen Welt klug und mitfühlend zu führen.

Globale und kontextuelle Perspektiven

Die Neugestaltung des Lehrplans erfordert auch die Berücksichtigung globaler und kontextueller Perspektiven. KI wird weltweit nicht einheitlich erlebt; ihre Vorteile und Nachteile sind ungleich verteilt, was bestehende Ungleichheiten oft verschärft. Die theologische Ausbildung muss daher Stimmen aus dem Globalen Süden, marginalisierten Gemeinschaften und unterschiedlichen kulturellen Kontexten einbeziehen. Die Kurse sollten untersuchen, wie sich KI auf Arbeit, Migration, Ökologie und Politik in verschiedenen Regionen auswirkt, um sicherzustellen, dass die Studierenden ein globales Bewusstsein für die Rolle der Technologie bei der Gestaltung des menschlichen Lebens entwickeln.

Dieser globale Ansatz erweitert den Horizont der Studierenden über westliche, technokratische Narrative hinaus. Er regt sie dazu an, darüber nachzudenken, wie Glaubensgemeinschaften in Afrika, Asien und Lateinamerika mit begrenzten Ressourcen, aber ausgeprägter theologischer Vorstellungskraft KI nutzen. Er regt sie dazu an, von indigenen Traditionen zu hören, die extraktive Technologien kritisieren und alternative Visionen der Beziehung zur Schöpfung bieten. Durch die Integration dieser Perspektiven befähigt die theologische Ausbildung Führungskräfte, KI nicht nur als technisches oder kulturelles Phänomen, sondern als Gerechtigkeitsfrage im Zusammenhang mit globalen Ungleichheiten zu betrachten.

Kontextuelle Perspektiven verdeutlichen zudem, dass Technologie nie neutral ist. In manchen Kontexten kann KI lebensrettende medizinische Instrumente bereitstellen, in anderen kann sie Überwachung und autoritäre Kontrolle verfestigen. Studierende müssen lernen, diese Unterschiede zu erkennen und sich zu fragen, wie das Evangelium sie dazu aufruft, solidarisch mit den Schwächsten zu reagieren. Kurse können Fallstudien darüber beinhalten, wie KI bestimmte Gemeinschaften prägt, und Studierende dazu anregen, sowohl ihre Chancen als auch ihre Gefahren aus der Perspektive christlicher Ethik und Mission zu analysieren.

Darüber hinaus widersteht globales und kontextuelles Engagement der Versuchung, sich eine einheitliche Zukunft für KI vorzustellen. Stattdessen fördert es das Bewusstsein für vielfältige, von Kultur, Wirtschaft und Politik geprägte Zukunftsszenarien. Diese Vielfalt fördert Demut und Offenheit und erinnert Studierende daran, dass Theologie auch bei ihrer Teilnahme am globalen Dialog lokal verankert sein muss. Auf diese Weise kann die theologische Ausbildung Führungskräfte hervorbringen, die global bewusst, kontextuell verankert und prophetisch engagiert sind.

Abschluss
Auf dem Weg zu einem vom Geist geleiteten Lehrplan

Bei der Neugestaltung des theologischen Lehrplans für das KI-Zeitalter geht es nicht nur darum, Inhalte hinzuzufügen; es geht um eine Neugestaltung der Ausbildung. Ziel ist es, Führungskräfte auszubilden, die die Geister erkennen, Götzenbilder kritisieren und in einer digitalen Welt treue Präsenz verkörpern können. Solche Führungskräfte benötigen intellektuelle Strenge, spirituelle Tiefe, praktische Fähigkeiten und ein globales Bewusstsein. Sie müssen KI nicht als neutrales Werkzeug, sondern als kulturelle Kraft begreifen, die theologisch und seelsorgerisch genutzt werden muss.

Ein vom Geist geleiteter Lehrplan sieht Technologie im größeren Kontext von Gottes Mission. Er betont, dass die Heranbildung an Christus das Ziel aller theologischen Ausbildung ist, egal ob Studierende biblische Sprachen, Seelsorge oder die Ethik der künstlichen Intelligenz erlernen. Das Werk des Geistes besteht darin, die Kirche zur Wahrheit zu führen, und dazu gehört auch, die Wahrheit inmitten technologischer Komplexität zu erkennen. Indem sie den Lehrplan auf Gebet, Gottesdienst und gemeinschaftlicher Erkenntnis gründen, erinnern Institutionen die Studierenden daran, dass ihr höchstes Vertrauen nicht auf Innovation, sondern auf Gottes Treue beruht.

Ein solcher Lehrplan fördert auch Mut. Studierende werden aufgefordert, die Götzenbilder der Technologie zu benennen, sich dem Narrativ der Unvermeidlichkeit zu widersetzen und sich

143

alternative Zukunftsszenarien vorzustellen, die im Evangelium verwurzelt sind. Diese prophetische Dimension der Ausbildung befähigt Absolventen, die Kirche nicht in reaktionärer Angst oder kritikloser Akzeptanz, sondern in kreativem, treuem Engagement zu führen. Geistgeleitete Bildung befähigt Führungskräfte, Gemeinden dabei zu helfen, zu erkennen, wann sie neue Werkzeuge annehmen, wann sie ihnen widerstehen sollten und wie sie sicherstellen können, dass die Liebe zu Gott und dem Nächsten im Mittelpunkt bleibt.

Und schließlich fördert ein vom Geist geleiteter Lehrplan Hoffnung. In einer Welt, die oft von technologischen Utopien gefangen oder von dystopischen Ängsten heimgesucht wird, bezeugt theologische Ausbildung die Verheißung einer neuen Schöpfung. Sie bildet Führungspersönlichkeiten aus, die von der Hoffnung auf die Auferstehung sprechen und die Kirche daran erinnern können, dass die Geschichte nicht von Algorithmen, sondern von Gott erlösenden Absichten bestimmt wird. Diese Hoffnung gibt Studierenden und Gemeinden die Freiheit, sich KI ohne Naivität oder Verzweiflung, sondern mit Urteilsvermögen, Mut und Freude zu stellen.

Indem sie die theologische Ausbildung auf diese Weise neu konzipieren, können Seminare Führungskräfte für das Jahr 2050 und darüber hinaus vorbereiten: Führungskräfte, die angesichts beispielloser Veränderungen weise, mutig und treu sind, Führungskräfte, die Integrität und Vision verkörpern, und Führungskräfte, die, vom Heiligen Geist geleitet, Christus als Herrn über alle Bereiche verkünden, auch über die digitalen.

Kapitel 11
Die Zukunft der theologischen Ausbildung
Zeuge in einer Welt der KI

Einführung
An der Schwelle stehen

Theologische Ausbildung hat es immer darauf abgesehen, die Kirche für ein treues Zeugnis in ihrer Zeit zu rüsten. Von den frühen Katecheseschulen der antiken Kirche über die großen Universitäten des Mittelalters bis hin zu den Priesterseminaren der Neuzeit hat jede Generation ihre Bildungspraktiken an neue Herausforderungen angepasst. Künstliche Intelligenz stellt heute eine nie dagewesene Hürde dar. Ihr Ausmaß, ihre Geschwindigkeit und ihr Einzug in den Alltag werfen drängende Fragen zu Menschlichkeit, Wahrheit, Gerechtigkeit und Jüngerschaft auf. In diesem Zusammenhang muss sich die theologische Ausbildung neu erfinden – nicht um kulturell relevant zu bleiben, sondern um Christus treu zu bleiben.

Das Seminar als Gemeinschaft der Unterscheidung

In einer von Daten und Algorithmen überfluteten Welt muss sich die theologische Ausbildung als Gemeinschaft der Unterscheidung positionieren. Seminare sind nicht einfach Wissensfabriken oder Berufsbildungszentren; sie sind Orte, an denen Studierende, Lehrkräfte und

Kirchen lernen, die Geister zu prüfen, zu erkennen, was wahr und gut ist, und Götzendienst zu widerstehen. Das Seminar wird zu einem Heiligtum der Weisheit, das die Fähigkeit zu kritischem Denken, tiefem Gebet und gerechtem Handeln im Umgang mit Technologie fördert.

Urteilsvermögen in diesem Sinne geht über intellektuelle Analyse hinaus. Es ist eine spirituelle Praxis, die im Gebet, in der Heiligen Schrift und im Leben des Geistes wurzelt. Es erfordert nicht nur die Frage, was Technologie leisten kann, sondern auch, was sie leisten sollte und wie ihr Einsatz Gemeinschaften dem Reich Gottes näherbringt oder davon abhält. Indem sie technologische Fragen theologisch formulieren, können Seminare zukünftigen Führungskräften helfen, über utilitaristische Überlegungen hinauszugehen und Gottes Weisheit für ein gläubiges Leben zu suchen.

Das Seminar als Gemeinschaft der Urteilsfindung bedeutet auch, dass sich Lehrende und Studierende gemeinsam mit diesen Fragen auseinandersetzen. Anstatt KI als abstraktes Thema zu behandeln, können Gemeinschaften ihre eigenen technologischen Gewohnheiten hinterfragen, über die Kräfte der digitalen Kultur nachdenken und Urteilsfindung als gemeinsame Disziplin praktizieren. Diese gemeinsame Auseinandersetzung zeigt den Studierenden, wie auch Kirchen gemeinsam statt individuell mit Technologie umgehen können.

Zu dieser Unterscheidung gehört es, die gesellschaftlich prägenden Kräfte – seien sie ökonomischer, politischer oder technologischer Natur – zu benennen und sie dem Blick des

Evangeliums zu unterziehen. Es bedeutet auch, Raum für unterschiedliche Stimmen (globale, kontextuelle und marginalisierte) zu schaffen, um die Gemeinde daran zu erinnern, dass Weisheit nicht in der Homogenität liegt, sondern im Wirken des Heiligen Geistes im Leib Christi. Auf diese Weise wird das Priesterseminar nicht nur zu einem Ort der Bildung, sondern auch zu einem Laboratorium treuer Unterscheidung, das Führungskräfte ausbildet, die Gemeinden dabei zu begleiten, die Zeitgeister ihrer Zeit zu prüfen.

Ausbildung zum öffentlichen Zeugnis

Absolventen theologischer Ausbildung im KI-Zeitalter müssen nicht nur auf den Dienst in der Kirche, sondern auch auf ihr öffentliches Zeugnis vorbereitet werden. Angesichts gesellschaftlicher Debatten über Automatisierung, Überwachung und Menschenwürde müssen christliche Führungspersönlichkeiten in der Lage sein, eine Vision der Menschheit zu formulieren, die im *Bild Gottes* und der Hoffnung auf eine neue Schöpfung wurzelt. Dies erfordert eine theologisch fundierte und zugleich gesellschaftlich engagierte Ausbildung.

Eine solche Ausbildung erfordert Kommunikationsfähigkeiten für das Sprechen vor Publikum, ethisches Denken für die Auseinandersetzung mit komplexen Dilemmata und prophetischen Mut, um durch technologische Systeme fortbestehende Ungerechtigkeiten zu benennen. Sie erfordert auch Demut, das Anerkennen der Grenzen menschlicher Kontrolle und die Notwendigkeit göttlicher Weisheit für die Gestaltung der Zukunft.

Die Ausbildung öffentlicher Zeugen muss auch die Vermittlung kultureller Kompetenz beinhalten. Führungskräfte müssen die Narrative verstehen, die die öffentliche Vorstellung von KI prägen – Geschichten von Erlösung durch Innovation oder Untergang durch Automatisierung – und in der Lage sein, eine eindeutig christliche Gegenerzählung zu bieten. Sie müssen lernen, auch außerhalb der Kirche verständlich zu sprechen und theologische Überzeugungen in eine Sprache zu übersetzen, die einen sinnvollen Beitrag zu politischen Debatten, Mediengesprächen und gesellschaftlichen Diskussionen leisten kann.

Praktische Engagementmöglichkeiten können diese Ausbildung stärken. Praktika, öffentliche Foren und Partnerschaften mit Bürgerinitiativen ermöglichen es Studierenden, theologische Perspektiven in unterschiedlichen Kontexten zu artikulieren. Lehrkräfte können Studierende beim Verfassen von Meinungsbeiträgen, beim interreligiösen Dialog oder beim Eintreten für Gerechtigkeit in der Technologiepolitik unterstützen. Diese Erfahrungen befähigen die Studierenden, ihre Ausbildung über den Hörsaal hinaus in gesellschaftliche Debatten einzubringen.

Die Ausbildung zum öffentlichen Zeugnis bedeutet vor allem, Integrität und Mut zu entwickeln. Führungskräfte müssen bereit sein, auch dann die Wahrheit zu sagen, wenn sie unpopulär sind, sich für die Schwachen einzusetzen, auch wenn es teuer wird, und auch in Zeiten der Unsicherheit Hoffnung zu verkörpern. Indem sie Studierende zu öffentlichen Theologen ausbilden, die sich mit

Klarheit und Mitgefühl mit der KI-Kultur auseinandersetzen können, helfen Seminare der Kirche, ihrer Berufung nachzukommen, in allen Lebensbereichen Zeugin Christi zu sein.

Theologische Ausbildung als prophetische Imagination

Über die technische und praktische Vorbereitung hinaus muss die theologische Ausbildung die Vorstellungskraft fördern, die Fähigkeit, sich alternative Zukunftsszenarien vorzustellen. Allzu oft werden Erzählungen über KI als unausweichlich dargestellt: entweder als utopische Träume von Erlösung durch Technologie oder als dystopische Ängste vor der Veralterung der Menschheit. Die Aufgabe der theologischen Ausbildung besteht darin, eine andere Geschichte zu verkünden: dass die Geschichte Gott gehört und dass unsere Zukunft nicht durch Algorithmen, sondern durch die Auferstehung Christi gesichert ist.

Indem sie die Studierenden mit der Heiligen Schrift, dem Gottesdienst und kritischer Reflexion beschäftigen, können Seminare eine prophetische Vorstellungskraft fördern, die sich dem Determinismus der technologischen Kultur widersetzt. Diese Vorstellungskraft befähigt Führungskräfte, Gemeinschaften zu schaffen, die Gerechtigkeit, Gastfreundschaft und Liebe konkret verkörpern, selbst wenn diese Praktiken der Logik von Effizienz oder Profit widersprechen.

Prophetische Vorstellungskraft lädt Studierende zudem dazu ein, das zu hinterfragen, was die technologische Kultur als unvermeidlich darstellt. Anstatt Automatisierung als Schicksal zu akzeptieren, können Studierende fragen, wie Arbeit neu gedacht werden könnte, um die Menschenwürde zu wahren. Statt Überwachung als notwendig für die Sicherheit anzunehmen, können sie sich Gemeinschaften vorstellen, die von Vertrauen und gegenseitiger Verantwortung geprägt sind. Dieses kreative Hinterfragen ist selbst ein Akt des Widerstands und eröffnet Raum für hoffnungsvolle Praktiken in Zeiten technologischer Angst.

Diese Vorstellungskraft wird durch die Auseinandersetzung mit den biblischen Propheten geformt, die immer wieder die herrschenden Mächte herausforderten und Visionen von Gott alternativer Zukunft boten. Kurse, die prophetische Literatur, theologische Ethik und Sozialanalyse integrieren, können Studierenden helfen, Zusammenhänge zwischen antiken Zeugnissen und heutigen Herausforderungen zu erkennen. Gottesdienstpraktiken (Klage, Fürbitte und Feier) fördern zudem die Vorstellungskraft, auf das Unsichtbare zu hoffen.

Letztlich befähigt prophetische Vorstellungskraft Führungskräfte nicht nur dazu, technologische Götzenbilder zu kritisieren, sondern auch, Gemeinschaften zu einem anderen Leben zu inspirieren. Sie befähigt sie, Geschichten zu erzählen, die Technologie im Licht des Reiches Gottes neu interpretieren, Praktiken zu pflegen, die der Entmenschlichung widerstehen, und Zeugnis abzulegen für eine Zukunft, die nicht von Maschinen, sondern von der Herrschaft Christi bestimmt wird.

Globale Solidarität und gemeinsames Lernen

Auch die Zukunft der theologischen Ausbildung muss global sein. KI prägt Gesellschaften weltweit unterschiedlich und verschärft oft Ungleichheiten. Seminare müssen daher grenzüberschreitende Partnerschaften eingehen und auf die Erfahrungen von Kirchen in Entwicklungsländern, indigenen Gemeinschaften und marginalisierten Gruppen hören, die die Gefahren und Chancen der Technologie auf einzigartige Weise erleben. Gemeinsames Lernen über Kulturen hinweg kann die Urteilsfähigkeit vertiefen und Solidarität fördern und die Kirche daran erinnern, dass sie ein Leib mit vielen Mitgliedern ist.

Bei dieser Solidarität geht es nicht um symbolische Inklusion, sondern um echte Gegenseitigkeit. Westliche Institutionen müssen erkennen, dass sie viel von Gemeinschaften lernen können, deren Erfahrungen mit Mangel, Unterdrückung oder alternativen kulturellen Rahmenbedingungen einzigartige Einblicke in den Widerstand gegen technologische Götzenbilder bieten. Indigene Perspektiven beispielsweise betonen oft die Beziehung zur Schöpfung und kritisieren damit ausbeuterische Technologie-modelle. Afrikanische und asiatische Kirchen können Erfahrungen von Resilienz und gemeinschaftlicher Stärke einbringen, die dem in der digitalen Kultur oft verankerten Individualismus entgegenwirken.

Gemeinsames Lernen bedeutet auch die Entwicklung kollaborativer Forschungs- und Bildungsnetzwerke. Online-Plattformen können globale Klassenzimmer ermöglichen, in denen Studierende aus unterschiedlichen Kontexten gemeinsam lernen, die Auswirkungen von KI auf ihre Gemeinschaften vergleichen und im Dialog theologische Antworten finden. Partnerschaften zwischen Seminaren in Nord- und Südeuropa können neue Ressourcen, Lehrpläne und Praktiken von wirklich globaler Tragweite hervorbringen.

Globale Solidarität fordert die theologische Ausbildung dazu auf, westliche Annahmen über den technologischen Fortschritt zu dezentralisieren. Sie betont, dass die Zukunft der Kirche nicht ohne die Stimmen derjenigen vorstellbar ist, die am stärksten von technologischen Umbrüchen betroffen sind. Durch Zuhören, Austausch und kulturübergreifende Zusammenarbeit verkörpern Seminare die Katholizität der Kirche und bezeugen das Wirken des Heiligen Geistes an jedem Ort.

Abschluss
Zeuge des Gottes der Zukunft
Die Zukunft der theologischen Ausbildung im Zeitalter der künstlichen Intelligenz besteht nicht in erster Linie darin, neue Werkzeuge zu beherrschen, sondern treues Zeugnis abzulegen. Dieses Zeugnis verkündet, dass die Menschenwürde im Bild Gottes begründet ist, dass die Wahrheit in Christus offenbart wird, dass Gottes Reich Gerechtigkeit fordert und dass die Hoffnung im erneuernden Wirken des Heiligen Geistes ruht.

Solche Zeugnisse stehen im Widerspruch zu unserer Kultur. In einer Welt, die Wert oft an Produktivität, Effizienz oder Daten misst, verkündet die Kirche einen anderen Maßstab: Jeder Mensch ist von Gott geliebt, des Respekts würdig und zur Gemeinschaft berufen. In einer Gesellschaft, die versucht ist, ihr letztes Vertrauen in Algorithmen oder Maschinen zu setzen, betont die theologische Ausbildung, dass das Vertrauen allein Gott gebührt. In Kulturen, die sich um die Zukunft sorgen, zeugt sie von einer Hoffnung, die nicht im menschlichen Einfallsreichtum, sondern in göttlichen Verheißungen wurzelt.

Für die Priesterseminare bedeutet dies, dass jeder Aspekt der Ausbildung (Lehrplan, Ausbildung, Gemeindeleben) darauf ausgerichtet sein muss, Führungskräfte heranzubilden, die dieses Zeugnis verkörpern können. Sie müssen befähigt werden, technologischem Götzendienst zu widerstehen, prophetisch über Gerechtigkeit zu sprechen und Gemeinschaften in der Praxis der Liebe und Treue anzuleiten. Sie müssen nicht nur zu Denkern, sondern zu Jüngern geformt werden, deren Leben in Wort und Tat die Realität des Evangeliums bezeugt.

Das Zeugnis für den Gott der Zukunft ist zugleich ein Zeugnis für Gottes Gegenwart. Es verkündet, dass Gott auch während des technologischen Umbruchs am Werk ist, die Schöpfung erhält und die Kirche leitet. Es erinnert uns daran, dass der Heilige Geist Gläubige für jedes Zeitalter rüstet und ihnen die Kraft gibt, in Kontexten treu zu leben, die sich ihre Vorfahren kaum vorstellen konnten. Indem sie an dieser Zusicherung festhält, kann sich die theologische Ausbildung den Herausforderungen der KI ohne Angst stellen, im Vertrauen darauf, dass Christus der Herr der Geschichte und der Zukunft ist.

Den Gott der Zukunft zu bezeugen, bedeutet letztlich, die Kirche zu einer Haltung der Hoffnung und des Mutes einzuladen. Es bedeutet, dass keine Maschine unser Schicksal bestimmen, kein Algorithmus unseren Wert bestimmen und keine Innovation die Herrschaft Christi verdrängen kann. Theologische Ausbildung bereitet Führungskräfte vor, die diese Überzeugung leben und das Volk Gottes anleiten, Liebe, Wahrheit und Gerechtigkeit als Zeichen des Reiches Gottes zu verkörpern. Damit erfüllt sie ihre Berufung: der Kirche zu dienen, indem sie Zeugen ausbildet, die das Evangelium in jedem Zeitalter verkünden und verkörpern können, auch und gerade im Zeitalter der künstlichen Intelligenz.

Epilog
Theologische Lehre im Zeitalter der KI

Einführung
Rückblick, Ausblick

Dieses Buch untersucht die tiefgreifenden Herausforderungen und Chancen, die künstliche Intelligenz für die theologische Ausbildung mit sich bringt. Wir haben nachgezeichnet, wie KI die theologische Anthropologie erschüttert, Annahmen über Offenbarung und Interpretation in Frage stellt, Fragen zu Sünde und Verantwortung aufwirft und zu neuen Überlegungen zu Präsenz, Gerechtigkeit, Bildung und Lehrplan anregt. Jedes Kapitel stellt auf unterschiedliche Weise die Frage: Was bedeutet es, in einer Welt, in der Maschinen zunehmend Denken, Verhalten und Gemeinschaft prägen, treu zu lehren und zu lernen?

Wenn wir diese Überlegungen zusammenfassen, wird die Aufgabe theologischer Ausbildung deutlich. Es geht nicht nur darum, auf Technologie zu reagieren, sondern theologisch zu antworten und unsere Arbeit in der Heiligen Schrift, der Tradition und dem Leben des Geistes zu verankern. Es geht darum, Führungskräfte heranzubilden, die Komplexität mit Weisheit meistern, Götzendienst mutig widerstehen und mit Hoffnung Zeugnis ablegen. Letztendlich geht es in der Geschichte von KI und Kirche nicht um Maschinen, sondern um Gott fortwährende Mission und den Ruf seines Volkes, daran teilzuhaben.

Schlüsselthemen erneut betrachtet

In diesem Buch kristallisieren sich mehrere Themen heraus, die die Vision der theologischen Ausbildung im Zeitalter der KI prägen. Das erste ist die Bekräftigung der Menschenwürde und des *Imago Dei*. Gegen Narrative, die die Menschheit auf Daten oder Berechnungen reduzieren, muss die theologische Ausbildung bekräftigen, dass der Mensch nach Gottes Ebenbild geschaffen und zu Gemeinschaft, Liebe und Anbetung berufen ist. Ein zweites Thema ist die Unterscheidung zwischen Wahrheit und Offenbarung. KI mag riesige Mengen an Informationen generieren, Offenbarung ist jedoch Gottes Selbstoffenbarung. Die theologische Ausbildung muss daher Urteilsvermögen lehren und die Studierenden befähigen, zwischen Information und Weisheit, zwischen Simulation und echter Begegnung mit dem Göttlichen zu unterscheiden.

Ein weiteres Thema sind Gerechtigkeit und Verantwortung. Da KI-Systeme unweigerlich menschliche Sünde widerspiegeln und verstärken, muss die theologische Ausbildung Führungskräfte darauf vorbereiten, Vorurteilen entgegenzutreten, Ausbeutung zu widerstehen und sich für Ausgegrenzte einzusetzen. Eng damit verbunden ist die Betonung von Präsenz und Bildung. Im körperlosen digitalen Zeitalter muss die theologische Ausbildung Praktiken der verkörperten Lehre, des gemeinschaftlichen Gottesdienstes und der sakramentalen Imagination wiederentdecken, die Jünger in Liebe und Treue formen. Schließlich gibt es das Thema Hoffnung und Eschatologie. Entgegen techno-utopischen Träumen und dystopischen Ängsten verkündet die Kirche eine Hoffnung, die auf der Auferstehung Christi und dem erneuernden Wirken des Heiligen Geistes gründet. Die Zukunft wird nicht durch Maschinen, sondern durch Gottes Versprechen gesichert.

Die Berufung theologischer Pädagogen

Für Lehrkräfte an Priesterseminaren und theologischen Fakultäten ist das KI-Zeitalter zugleich beängstigend und aufregend. Lehrende müssen selbst Urteilsvermögen entwickeln, die technischen Möglichkeiten prüfen und gleichzeitig Studierende zu tieferer Weisheit führen. Dies erfordert Mut, sich neuen Fragen zu stellen, Demut, von anderen Disziplinen und Kulturen zu lernen, und Vertrauen darauf, dass der Heilige Geist die Kirche weiterhin zur Wahrheit führt.

Die Berufung theologischer Pädagogen geht weit über die Wissensvermittlung hinaus. Sie sind berufen, Gemeinschaften zu bilden, in denen Studierende Gott begegnen, sich mit der Heiligen Schrift auseinandersetzen und die für einen treuen Dienst notwendigen Tugenden entwickeln. Ihre Rolle umfasst Mentoring, die Vermittlung von Integrität und die Charakterbildung auf eine Weise, die nicht an Maschinen ausgelagert werden kann. Im Zeitalter der künstlichen Intelligenz ist diese Berufung im Wesentlichen unverändert, in der Praxis jedoch neuartig komplex und erfordert Aufmerksamkeit dafür, wie Technologie Identität, Vorstellungskraft und Jüngerschaft prägt.

Pädagogen müssen sich auch der Aufgabe öffentlicher Theologie stellen. Indem sie Studierende befähigen, in öffentlichen Debatten über Technologie und Gesellschaft klar und mutig zu sprechen, helfen sie der Kirche, ihren rechtmäßigen Platz in Gesprächen einzunehmen, die allzu oft von technokratischen oder kommerziellen Stimmen dominiert werden. Lehrende dienen somit nicht nur ihren Studierenden, sondern auch der Welt, indem sie theologische Weisheit für Fragen vermitteln, die alle Bereiche des Lebens betreffen.

Schließlich sind theologische Ausbilder selbst Zeugen. Ihre Lehre, ihre Gelehrsamkeit und ihr Gemeindeleben zeugen von ihrer Überzeugung, dass Christus in jedem Zeitalter der Herr ist, auch im digitalen. Indem sie sich dieser Berufung mit Klarheit und Hoffnung widmen, können Ausbilder Führungspersönlichkeiten ausbilden, die die Kirche durch unbekanntes Terrain führen und angesichts des technologischen Wandels Weisheit, Mut und Treue verkörpern.

Eine Vision für 2050 und darüber hinaus

Die Kirche des Jahres 2050 wird in einer Welt leben, in der künstliche Intelligenz allgegenwärtig ist. Automatisierte Systeme werden Kommunikation, Arbeit, Gesundheit, Verwaltung und sogar das religiöse Leben vermitteln. Die Aufgabe der theologischen Ausbildung wird es sein, Führungspersönlichkeiten auszubilden, die in dieser neuen Landschaft Christus als Herrn verkünden können. Führungspersönlichkeiten, die Gemeinden dazu anleiten, Götzendienst zu widerstehen, Gerechtigkeit zu leben und Hoffnung zu verkörpern.

Diese Vision erfordert sowohl Realismus als auch Hoffnung. Realismus erkennt an, dass KI die Gesellschaft weiterhin tiefgreifend und oft beunruhigend verändern wird, Volkswirtschaften umgestaltet, menschliche Beziehungen verändert und ethische Grenzen in Frage stellt. Hoffnung hingegen verkündet, dass keiner dieser Wandel endgültig ist. Die Zukunft liegt in Gottes Hand, und die Kirche ist aufgerufen, diese Realität mit Mut und Freude zu bezeugen.

Die theologische Ausbildung im Jahr 2050 und darüber hinaus muss daher tief in der Tradition verwurzelt und gleichzeitig in der Praxis mutig adaptiv sein. Sie muss die Studierenden weiterhin in die Reichtümer der Heiligen Schrift, der Glaubenslehre und der Geschichte einführen und sie gleichzeitig darauf vorbereiten, sich Fragen zu stellen, die sich ihre Vorfahren nicht hätten vorstellen können. Sie muss eine globale Vorstellungskraft fördern und anerkennen, dass die Herausforderungen der KI nicht auf eine Kultur oder Region beschränkt sind, sondern eine katholische Vision erfordern, die dem gesamten Leib Christi Gehör schenkt. Und sie muss Führungspersönlichkeiten ausbilden, die die Kluft zwischen der Kirche und der Welt überbrücken und sich prophetisch in Debatten über Technologie, Gerechtigkeit und Menschenwürde einbringen können.

Auf diese Weise bleibt die theologische Ausbildung ihrer Aufgabe treu: Zeugen des Evangeliums auszubilden, die das Volk Gottes durch alle Zeitalter führen können. Indem sie Führungspersönlichkeiten ausbilden, die tief in Christus verwurzelt und widerstandsfähig gegenüber Veränderungen sind, stellen die Seminare sicher, dass die Kirche im Jahr 2050 und darüber hinaus auch in einer Welt der künstlichen Intelligenz treu vom Reich Gottes Zeugnis ablegt.

Abschluss
Lehren und Zeugnis im Zeitalter der KI

Die Reise durch diese Kapitel hat sowohl die Gefahren als auch die Möglichkeiten künstlicher Intelligenz für die Zukunft der theologischen Ausbildung aufgezeigt. Wir haben gesehen, wie KI grundlegende Lehren über menschliche Identität, Offenbarung, Sünde, Erlösung, Gegenwart und Hoffnung erschüttert. Wir haben uns mit ihren Auswirkungen auf Pädagogik, Gerechtigkeit, Gemeinschaft und Bildung auseinandergesetzt. Und wir haben neue curriculare und institutionelle Praktiken für die Ausbildung von Führungskräften in einer Kirche konzipiert, die im digitalen und algorithmischen Zeitalter tätig sein wird. Bei jedem Schritt blieb die grundlegende Frage bestehen: Wie kann die theologische Ausbildung Christus treu bleiben und sich gleichzeitig einer Zukunft stellen, die zunehmend von KI geprägt wird?

Die Schlussfolgerung ist einfach und anspruchsvoll zugleich. Die theologische Ausbildung muss der Versuchung widerstehen, sich allein über technologische Neuheiten oder kulturelle Relevanz zu definieren. Ihre bleibende Berufung ist es, Führungspersönlichkeiten auszubilden, die das Evangelium in Wort, Tat und Präsenz bezeugen. Welche Werkzeuge, Kontexte und Fragen verändern sich, die diese Ausbildung prägen? Unverändert bleibt der Ruf, den gekreuzigten und auferstandenen Christus zu verkünden, in dem die gesamte Schöpfung zusammenhält.

Theologische Ausbildung als eine Form spiritueller Technologie zu bezeichnen, bedeutet zu bekennen, dass Lehren, Lernen, Gottesdienst und Bildung Mittel sind, durch die der Geist Gottes Volk für Gemeinschaft und Mission formt. KI mag unsere Lerngewohnheiten, unsere Kommunikationsmittel und unsere Formen des Dienstes verändern, aber sie kann Gebet, Sakrament oder Liebe nicht nachbilden. Sie kann weder das Kreuz tragen noch vom Grab auferstehen. Nur der lebendige Gott tut dies, und nur Menschen, geschaffen nach Gottes Ebenbild, können davon Zeugnis ablegen.

Mit Blick auf das Jahr 2050 und darüber hinaus wird die Kirche in einer Welt leben, in der KI allgegenwärtig ist. Führungskräfte müssen komplexe ethische Dilemmata meistern, öffentlich Zeugnis ablegen und Gemeinden betreuen, deren Leben eng mit digitalen Technologien verknüpft ist. Doch wenn die theologische Ausbildung in der Heiligen Schrift, der Tradition, der Urteilskraft und der Führung des Heiligen Geistes verankert bleibt, kann sie Führungskräfte hervorbringen, die nicht nur technisch versiert, sondern auch spirituell weise sind. Diese Führungskräfte werden in der Lage sein, Götzendienst zu widerstehen, für Gerechtigkeit einzutreten, Präsenz zu zeigen und Hoffnung zu verkünden.

Das letzte Wort gehört nicht der Technik, sondern Gott. Es ist der Heilige Geist, der die Kirche weiterhin in die Wahrheit führt, der Sohn, der als Herr über die Geschichte herrscht, und der Vater, dessen Liebe die Schöpfung erhält. Theologische Bildung ist in jedem Zeitalter aufgerufen, Zeugen heranzubilden, die mit ihrem Leben bekennen, dass

161

Christus der Herr ist. Dies ist ihre Herausforderung, ihr Versprechen und gerade in einer Welt künstlicher Intelligenz ihre Freude.

Anhang A
Praktische Richtlinien für theologische Pädagogen im Zeitalter der KI

Einführung

Die vorangegangenen Kapitel haben einen theologischen und moralischen Rahmen für den Einsatz künstlicher Intelligenz im Leben von Kirche und Priesterseminar geboten. Dieser Anhang bietet praktische Richtlinien für theologische Lehrende, die die Herausforderungen und Chancen von KI in ihren Klassenzimmern und Institutionen meistern möchten. Es handelt sich dabei nicht um umfassende Vorschriften, sondern umorientierende Praktiken, die Urteilsvermögen, Integrität und Hoffnung im täglichen Unterricht verkörpern.

1. Klare Richtlinien für den KI-Einsatz festlegen

Lehrende sollten mit ihren Institutionen zusammenarbeiten, um transparente und durchdachte Richtlinien für den Einsatz von KI in Lehrveranstaltungen und Forschung zu entwickeln. Diese Richtlinien sollten akzeptable (z. B. Forschungsunterstützung oder Übersetzung) und verbotene (z. B. die Einreichung KI-generierter Arbeiten als eigene) Verwendungsmöglichkeiten klären. Die Richtlinien müssen mit einer theologischen Begründung versehen sein, die die Studierenden daran erinnert, dass Integrität auf Wahrhaftigkeit vor Gott und der Gemeinschaft beruht.

2. Integrieren Sie KI-Kompetenzen in den Lehrplan

Anstatt KI auf ein einzelnes Wahlfach zu beschränken, sollten theologische Lehrende die Diskussion über KI in mehrere Disziplinen integrieren. Ethikkurse können Gerechtigkeit und Voreingenommenheit untersuchen, Bibelstudien können KI-Tools für Sprache und Interpretation nutzen und die Pastoraltheologie kann KI in Beratung und Kommunikation untersuchen. Diese Integration stellt sicher, dass Studierende KI als eine Realität betrachten, die jeden Aspekt des Dienstes berührt.

3. Kritisches Engagement modellieren

Professoren sollten nicht nur über KI sprechen, sondern auch deren kritischen Einsatz demonstrieren. Dies kann bedeuten, aufzuzeigen, wie KI die Forschung unterstützen kann, und gleichzeitig ihre Grenzen und Voreingenommenheiten aufzuzeigen. Durch das Vorleben von Transparenz und Urteilsvermögen bilden Lehrende Studierende zu versierten Praktikern aus, die ohne Angst oder Naivität mit KI umgehen können.

4. Kultivieren Sie spirituelle Praktiken der Präsenz

Um den körperlosen Tendenzen der digitalen Kultur entgegenzuwirken, sollten Pädagogen bewusst Präsenzpraktiken in den Unterricht integrieren. Dazu können Zeiten der Stille, des Gebets, des körperbetonten Lernens und des gemeinsamen Gottesdienstes gehören. Solche Praktiken erinnern die Schüler daran, dass Bildung nicht nur kognitiv, sondern ganzheitlich ist und Herz, Körper und Geist formt.

5. Entwerfen Sie Bewertungen, die die Integrität fördern

Aufgaben sollten so strukturiert sein, dass sie eigenständiges Nachdenken, kontextbezogene Anwendung und persönliches Engagement fördern. Reflexionspapiere, Fallstudien und kirchliche Projekte machen den unehrlichen Einsatz von KI weniger verlockend und weniger sinnvoll. Lehrkräfte sollten zudem formatives Feedback geben, das die Entwicklung der Integrität betont, anstatt nur Unehrlichkeit aufzudecken.

6. Fördern Sie die gemeinschaftliche Urteilskraft

Seminare sollten Räume schaffen, in denen Studierende, Lehrkräfte und Verwaltung gemeinsam erörtern, wie KI ihr Leben und ihren Dienst prägt. Foren, Workshops und Gemeinschaftsprojekte können Gemeinschaften dabei helfen, die ethischen und spirituellen Auswirkungen der Technologie zu verarbeiten und eine Kultur der gemeinsamen Verantwortung zu fördern.

7. Globale und marginalisierte Stimmen einbeziehen

KI wird weltweit unterschiedlich wahrgenommen. Theologische Lehrende sollten bewusst Perspektiven aus Ländern des Globalen Südens, indigenen Gemeinschaften und marginalisierten Gruppen einbeziehen, die oft die Hauptlast technologischer Umbrüche tragen. Die Einbeziehung dieser Stimmen fördert die globale

Solidarität und erinnert Studierende daran, dass Weisheit aus dem gesamten Leib Christi erwächst.

8. Technologie transparent nutzen

Wenn Institutionen KI-Tools in Verwaltung, Bewertung oder Kommunikation einsetzen, sollten sie die Studierenden klar darüber informieren, wie und warum diese Technologien eingesetzt werden. Transparenz schafft Vertrauen und ist ein Zeichen für Integrität. Heimliche oder übermäßig strafende Überwachungspraktiken untergraben die Gemeinschaft und stehen im Widerspruch zu den Werten der theologischen Ausbildung.

Abschluss

Diese praktischen Richtlinien sollen theologischen Ausbildern helfen, KI treu, durchdacht und hoffnungsvoll einzusetzen. Durch die Festlegung klarer Richtlinien, die Integration von KI-Kompetenz, die Vermittlung von Urteilsvermögen, die Förderung von Präsenz, die Gestaltung formativer Beurteilungen, die Förderung gemeinschaftlicher Reflexion, die Stärkung globaler Stimmen und die Umsetzung von Transparenz können Seminare das KI-Zeitalter mit Bedacht meistern. Letztlich dienen diese Praktiken dem tieferen Zweck der theologischen Ausbildung: Führungskräfte auszubilden, die Gott lieben, der Kirche dienen und in einer zunehmend von künstlicher Intelligenz geprägten Welt das Evangelium bezeugen.

Anhang B
Liturgische und pädagogische Praktiken zur Einbindung von KI

Einführung
Theologische Ausbildung im Zeitalter der KI umfasst nicht nur Ideen, sondern auch praktische Aspekte. Pädagogen und Kirchenleitende benötigen konkrete Möglichkeiten, die Reflexion über Technologie in Gottesdienst, Bildung und Lehre zu integrieren. Dieser Anhang bietet Beispiele für liturgische und pädagogische Praktiken, die Gemeinden helfen können, KI kritisch und treu zu nutzen.

Liturgische Praktiken
Gebete der Unterscheidung

Integrieren Sie Gebete in den Gottesdienst, die ausdrücklich um Weisheit im Umgang mit Technologie bitten. Diese Gebete könnten KI, digitale Medien oder andere Innovationen erwähnen und den Heiligen Geist um Führung und Urteilsvermögen bitten.

Bekenntnis zum Götzendienst

Entwickeln Sie liturgische Bekenntnisse, die anerkennen, wie Gemeinschaften der Technologie mehr vertrauten als Gott und Vergebung und Erneuerung suchten. Solche Praktiken helfen, technologische Götzenbilder zu entlarven.

167

Segen für Werkzeuge

Passen Sie die Tradition der Segnung von Ernten, Häusern oder Arbeitsplätzen an, indem Sie Ihren Segen auch auf technische Hilfsmittel (Laptops, Telefone oder sogar KI-Systeme) ausdehnen und darum bitten, dass diese für Gottes Zwecke und nicht zum Schaden eingesetzt werden.

Liturgien des Sabbats

Fördern Sie digitales Fasten während Gottesdiensten oder Exerzitien und verbinden Sie die Sabbatruhe mit der bewussten Trennung von Geräten. Diese Praxis unterstreicht die Wahrheit, dass der Wert des Menschen nicht an Produktivität oder Konnektivität gemessen wird.

Pädagogische Praktiken
Digitale Audits

Fordern Sie die Studierenden auf, ihren täglichen Umgang mit KI und digitalen Technologien zu untersuchen und darüber nachzudenken, wie diese Tools ihre Wünsche, ihre Zeit und ihre Gemeinschaft prägen. Diese Übung hilft, Theologie mit gelebter Erfahrung zu verbinden.

Fallstudiendiskussionen

Nutzen Sie reale Beispiele für KI-Anwendungen (Gesichtserkennung, algorithmische Verzerrung, pastorale Chatbots) als Fallstudien in Ethik-, Theologie- oder Seelsorgekursen. Ermutigen Sie die Studierenden, theologische Antworten zu finden.

Vergleichende Übungen

Bitten Sie die Schüler, KI-generierte Interpretationen eines Bibeltextes mit ihren eigenen Studien und traditionellen Kommentaren zu vergleichen. Solche Übungen verdeutlichen den Unterschied zwischen Information und Offenbarung, Simulation und Glauben.

Verkörpertes Lernen

Integrieren Sie Praktiken wie Gruppengebete, Schweigen oder gemeinschaftliche Dienste in Diskussionen über KI. Diese verkörperten Handlungen widersetzen sich der Abstraktion der digitalen Kultur und verankern das Lernen in Präsenz und Beziehung.

Kommunale Praktiken
Foren der Unterscheidung

Veranstalten Sie Community-Foren, in denen Studierende, Lehrkräfte und lokale Kirchengemeinden darüber diskutieren, wie sich KI auf ihre Arbeit und ihr Leben auswirkt. Diese Treffen bieten Raum für gemeinsames Denken und Wissensaustausch.

Interdisziplinäre Panels

Laden Sie Stimmen aus der Informatik, dem Recht, der Soziologie und der Theologie zum Dialog über KI ein, um die Bescheidenheit gemeinsamer Untersuchungen zu modellieren und Perspektiven zu erweitern.

Globale Partnerschaften

Vernetzen Sie sich mit Seminaren oder Kirchen in Entwicklungsländern, um Erfahrungen mit KI und Technologie auszutauschen. Diese Partnerschaften erinnern die Gemeinschaften daran, dass der technologische Wandel weltweit ungleichmäßig verläuft.

Abschluss

Diese liturgischen und pädagogischen Praktiken bieten konkrete Möglichkeiten, KI nicht nur als Studienthema, sondern auch als Teil des Glaubenslebens zu betrachten. Indem sie Gebet, Beichte, Urteilsvermögen, gelebte Praxis und globale Solidarität in Lehre und Gottesdienst integrieren, können theologische Pädagogen und Kirchenführer Gemeinden dabei unterstützen, mit Weisheit, Integrität und Hoffnung auf KI zu reagieren.

Anhang C
Diskussionsfragen zur Einbindung von KI

Einführung

Um theologische Pädagogen und Kirchenführer dabei zu unterstützen, die Themen dieses Buches in die Praxis umzusetzen, enthält dieser Anhang Beispiele für Diskussionsfragen und Aufgaben. Diese sind für Seminarräume, Kleingruppen oder Gemeinderäume konzipiert. Sie regen die Teilnehmenden an, theologisch über künstliche Intelligenz nachzudenken und abstrakte Themen mit gelebter Erfahrung zu verknüpfen.

Diskussionsfragen

Theologische Anthropologie

Inwiefern stellt der Aufstieg der KI die Bedeutung des Menschen als nach dem Bild Gottes geschaffenes Wesen in Frage oder bekräftigt sie? Wo bleibt die KI hinter der wahren Persönlichkeit zurück?

Offenbarung und Wahrheit

Können von KI generierte Predigten, Gebete oder Kommentare als authentische theologische Beiträge betrachtet werden? Warum oder warum nicht?

Gerechtigkeit und Verantwortung

Inwiefern spiegeln KI-Systeme soziale Sünde oder strukturelle Ungerechtigkeit wider? Wie könnte die Kirche prophetisch auf solche Realitäten reagieren?

Präsenz und Ausbildung

Wie hat die digitale Kultur Ihre eigenen Praktiken der Präsenz, Aufmerksamkeit und Gemeinschaft geprägt? Welche Gegenpraktiken könnten helfen, Präsenz zurückzugewinnen?

Eschatologie und Hoffnung

In den Massenmedien wird KI oft utopisch oder dystopisch dargestellt. Wie bietet die christliche Eschatologie eine andere Zukunftsvision?

Öffentliches Zeugnis

Welche Rolle sollte die Kirche in breiteren gesellschaftlichen Debatten über KI spielen? Wie können Führungspersönlichkeiten theologische Erkenntnisse in den öffentlichen Diskurs einbringen?

Anhang D
Aufgaben zur Einbindung von KI
Beispielaufgaben

Reflexionspapier

Schreiben Sie einen kurzen Aufsatz darüber, wie sich KI auf Ihr tägliches Leben und Ihren Dienst auswirkt. Berücksichtigen Sie sowohl die Chancen als auch die Versuchungen, die sie bietet, und analysieren Sie diese im Licht der Heiligen Schrift und der theologischen Tradition.

Audit digitaler Praktiken

Führen Sie eine Woche lang ein Tagebuch über Ihre Technologienutzung. Notieren Sie, wie oft Sie mit KI-gesteuerten Tools (z. B. Suchmaschinen, Social-Media-Feeds, Übersetzungs-Apps) interagieren. Denken Sie darüber nach, wie diese Praktiken Ihre Wünsche, Ihre Aufmerksamkeit und Ihre Beziehungen prägen.

Fallstudienanalyse

Untersuchen Sie ein konkretes Beispiel für den Einsatz von KI, z. B. Predictive Policing, Gesundheitsdiagnostik oder pastorale Chatbots. Identifizieren Sie die theologischen und ethischen Fragen, die damit verbunden sind, und schlagen Sie eine christlichgläubige Antwort vor.

Übung zur vergleichenden Exegese

Wählen Sie eine Bibelstelle aus und vergleichen Sie ihre Interpretation anhand traditioneller Kommentare, Ihrer eigenen exegetischen Arbeit und KI-generierter Analysen. Denken Sie über die Unterschiede nach und was sie über Offenbarung, Interpretation und die Rolle des Geistes aussagen.

Gruppenpräsentation

Arbeiten Sie in Teams, um zu präsentieren, wie sich KI auf einen bestimmten globalen Kontext auswirkt (z. B. Arbeit in Asien, Überwachung in Afrika, Landwirtschaft in Lateinamerika). Schlagen Sie theologische Ressourcen vor, um die Herausforderungen und Chancen in diesem Kontext zu bewältigen.

Kreatives Projekt

Gestalten Sie eine Liturgie, Predigt oder Unterrichtsstunde, die KI aus theologischer Perspektive thematisiert. Integrieren Sie Bibelstellen, Gebete und Reflexionen, die der Gemeinde helfen, sich mit dem Thema ernsthaft auseinanderzusetzen.

Abschluss

Diese Fragen und Aufgaben sollen Gespräche anregen, die Reflexion vertiefen und die Bildung fördern. Sie sind flexible Werkzeuge, die an unterschiedliche Kontexte angepasst werden können und Schülern und Gemeinden stets helfen, die Bedeutung von KI im Licht des Evangeliums und des Rufs zum treuen Zeugnis zu erkennen.

Anhang E
Beispielhafte Kursübersichten zu KI und theologischer Bildung

Einführung

Dieser Anhang bietet Vorschläge für Lehrpläne und Kursübersichten für theologische Lehrende, die künstliche Intelligenz in ihre Lehre integrieren möchten. Diese Übersichten sind flexible Rahmenwerke, die an unterschiedliche institutionelle Kontexte angepasst werden können, sei es als Semesterkurse, kurzfristige Intensivkurse oder Module innerhalb bestehender Lehrveranstaltungen.

Kurs 1: Theologie und Künstliche Intelligenz (Semesterkurs)

Kursbeschreibung:

Dieser Kurs untersucht die theologischen Herausforderungen und Chancen der künstlichen Intelligenz. Die Studierenden beschäftigen sich mit den durch KI aufgeworfenen doktrinären, ethischen und pastoralen Fragen und entwickeln Urteilsvermögen für den Dienst in einer digitalen Welt.

Lernziele:

Formulieren Sie theologische Perspektiven zu Menschlichkeit, Schöpfung und Technologie.

Analysieren Sie KI kritisch unter Berücksichtigung christlicher Ethik und sozialer Gerechtigkeit.

Entwickeln Sie praktische Strategien zur Integration theologischer Reflexion in den Dienst und das öffentliche Zeugnis.

Wöchentlicher Überblick:

- Einleitung: Theologie in einer technologischen Welt
- Die digitale Wende: Vom Buchdruck zum Algorithmus
- Theologische Anthropologie: *Imago Dei* und maschinelle Intelligenz
- Offenbarung und Interpretation im digitalen Zeitalter
- Sünde, Sündhaftigkeit und KI-Agentur
- Christologie und die Inkarnation in einer virtuellen Welt
- Eschatologie und Hoffnung jenseits technologischer Utopien
- Gerechtigkeit, Voreingenommenheit und die bevorzugte Option für Marginalisierte
- Präsenz, Gottesdienst und Bildung in digitalen Räumen
- KI in der theologischen Forschung und Lehre
- Öffentliche Theologie und Zeugnis im Zeitalter der KI
- Fallstudien: KI im globalen Kontext
- Präsentationen der Studierenden
- Fazit: Auf dem Weg zu einer vom Geist geleiteten Theologie der Technologie

Bewertungsmethoden
Reflexionspapiere, Fallstudienanalyse, Gruppenpräsentation und abschließendes Forschungsprojekt.

Kurs 2: Ethik, Ministerium und künstliche Intelligenz (Intensiv)

Kursbeschreibung:
Eine gezielte Untersuchung der Auswirkungen von KI auf den Dienst, die Seelsorge und das Zeugnis der Kirche. Konzipiert als ein- oder zweiwöchiger Intensivkurs.

Lernziele:
Identifizieren Sie ethische Dilemmata, die durch KI in pastoralen und gemeindebezogenen Kontexten entstehen.

Erkennen Sie treue Praktiken der Präsenz, Gerechtigkeit und Integrität im digitalen Dienst.

Beteiligen Sie sich am interdisziplinären Dialog zum Thema KI und Gesellschaft.

Tagesablauf (für einwöchigen Intensivkurs):
- Tag 1: KI und die menschliche Berufung
- Tag 2: Gerechtigkeit, Voreingenommenheit und die Ränder
- Tag 3: Dienst und Präsenz in der digitalen Kultur
- Tag 4: Theologische Ausbildung und KI: Chancen und Risiken
- Tag 5: Öffentliches Zeugnis und prophetische Vorstellungskraft

Bewertungsmethoden:
Tägliches Tagebuchschreiben, Gemeinschaftsprojekt und abschließender integrativer Aufsatz.

Kurs 3: KI und theologische Forschung (Modul)

Kursbeschreibung:
Ein vierwöchiges Modul, das Studierende mit den Chancen und Risiken des Einsatzes von KI in der theologischen Forschung vertraut macht.

Lernziele:
Machen Sie sich mit KI-Forschungstools und ihren Grenzen vertraut.

Unterscheiden Sie im theologischen Studium zwischen Information und Weisheit.

Denken Sie über die akademische Integrität im Zeitalter der KI nach.

Wöchentlicher Überblick:
- Woche 1: Einführung in KI-Forschungstools
- Woche 2: Risiken der Auslagerung theologischen Denkens
- Woche 3: Urteilsvermögen und Weisheit in der Forschungspraxis
- Woche 4: Integrität, Verantwortlichkeit und die Zukunft der Wissenschaft

Bewertungsmethoden:
Kommentierte Bibliographie, Übung zur vergleichenden Exegese und kurzes Reflexionspapier.

Abschluss

Diese Kursbeschreibungen bieten Ansatzpunkte für die Integration von KI in theologische Lehrpläne. Ob als voll Kurs, Intensivkurs oder Kurzmodul – theologische Lehrende können diese Rahmenbedingungen anpassen, um Studierende auszubilden, die kritisch denken, spirituell fundiert und seelsorgerisch auf den Dienst in einer von künstlicher Intelligenz geprägten Welt vorbereitet sind.

Anhang F
Institutionelle Richtlinien und Praktiken für Seminare im Zeitalter der KI

Einführung

Theologische Hochschulen stehen im Umgang mit KI nicht nur vor curricularen, sondern auch institutionellen Herausforderungen. Seminare müssen Richtlinien und Praktiken entwickeln, die Integrität schützen, Gerechtigkeit verkörpern und die Bildung im digitalen Zeitalter fördern. Dieser Anhang skizziert Vorschläge für institutionelle Strategien zur sinnvollen Steuerung des KI-Einsatzes.

Institutionelle Richtlinien zur KI-Nutzung

Seminare sollten klare und umfassende Richtlinien für den Einsatz von KI in Lehrveranstaltungen, Forschung und Verwaltung verabschieden. Die Richtlinien sollten zulässige und unzulässige Nutzungsmöglichkeiten festlegen, die Konsequenzen bei Verstößen klar darlegen und eine theologische Begründung liefern, die auf Integrität, Verantwortlichkeit und Wahrhaftigkeit beruht.

Fakultätsentwicklung und -schulung

Institutionen sollten in die kontinuierliche Weiterbildung ihrer Lehrkräfte in den Bereichen KI-Kompetenz, Pädagogik und Ethik investieren. Workshops und Peer-Learning-Gruppen können

Lehrkräfte darin befähigen, Urteilsvermögen zu vermitteln und Studierende verantwortungsvoll zu betreuen. Die Schulung sollte auch die Reflexion über die spirituellen und prägenden Dimensionen des Lehrens in digitalen Kontexten beinhalten.

Studienorientierung und -ausbildung

Seminare sollten KI-Kompetenz und Ethik in die Studienorientierung integrieren und sicherstellen, dass neue Studierende sowohl die institutionellen Richtlinien als auch die theologischen Perspektiven auf Technologie verstehen. Instruktionsveranstaltungen können den Studierenden helfen, über ihre eigenen digitalen Praktiken nachzudenken und sie auf eine treue Auseinandersetzung während des gesamten Studiums vorzubereiten.

Transparenter KI-Einsatz in der Verwaltung

Wenn Institutionen KI-Tools in der Benotung, Zulassung oder Kommunikation einsetzen, ist Transparenz unerlässlich. Studierende und Lehrende sollten wissen, welche Systeme verwendet werden, wie Daten verarbeitet und Entscheidungen getroffen werden. Transparenz schafft Vertrauen und ist ein Zeichen für institutionelle Integrität.

Rechenschafts- und Aufsichtsstrukturen

Seminare sollten Ausschüsse oder Arbeitsgruppen einrichten, die die KI-Richtlinien und Praktiken überwachen, regelmäßig überprüfen und neue Technologien berücksichtigen. Die Aufsicht sollte verschiedene Stimmen (Dozenten,

Studierende, Administratoren und Community-Partner) einbeziehen, um ein gemeinsames Urteilsvermögen zu gewährleisten.

Globale Partnerschaften und Gerechtigkeit

Institutionen müssen erkennen, dass KI globale Ungleichheiten widerspiegelt und verstärkt. Seminare sollten mit Institutionen in Entwicklungsländern und marginalisierten Gemeinschaften zusammenarbeiten, um sicherzustellen, dass deren Perspektiven in die Politik einfließen und Ressourcen gerecht verteilt werden. Globale Partnerschaften verkörpern die Katholizität der Kirche und widersetzen sich dem technologischen Triumphalismus.

Engagement für Präsenz und Verkörperung

Die institutionelle Praxis sollte Präsenz, Gottesdienst und gelebte Gemeinschaft in den Vordergrund stellen und sicherstellen, dass die Technologie niemals den Kern der theologischen Ausbildung verdrängt. Auch bei der Nutzung digitaler Plattformen sollten Seminare den Rhythmus des Gebets, der Gemeinschaft und der sakramentalen Vorstellungskraft bewahren.

Forschung und öffentliches Engagement

Seminare können zu einem breiteren gesellschaftlichen Dialog beitragen, indem sie Forschung fördern, öffentliche Foren veranstalten und Materialien zu KI und Theologie veröffentlichen. Indem sie sich im öffentlichen Raum engagieren, bezeugen sie die Bedeutung der

Theologie für die Gestaltung der technologischen Zukunft.

Abschluss

Durch die Einführung klarer Richtlinien, die Schulung von Lehrkräften, die Orientierung von Studierenden, Transparenz, den Aufbau von Aufsichtsstrukturen, die Förderung globaler Solidarität, die Priorisierung der Präsenz und die Einbindung der Öffentlichkeit können Seminare richtungsweisende institutionelle Antworten auf KI liefern. Diese Praktiken stellen sicher, dass sich die theologische Ausbildung nicht nur an den technologischen Wandel anpasst, sondern auch Integrität, Gerechtigkeit und Hoffnung vermittelt.